D0298986

Choix de
carrières
après l'université

Couverture
- Photo:
  BERNARD PETIT.
- Maquette:
  GAÉTAN FORCILLO

Maquette intérieure
- Conception graphique
  JEAN-GUY FOURNIER

DISTRIBUTEURS EXCLUSIFS:

- Pour le Canada:
  AGENCE DE DISTRIBUTION POPULAIRE INC.*
  955, rue Amherst, Montréal H2L 3K4 (tél.: 514-523-1182)
  *Filiale de Sogides Ltée

- Pour la France et l'Afrique:
  INTER-FORUM
  13, rue de la Glacière, 75013 Paris (tél.: 570-1180)

- Pour la Belgique, la Suisse, le Portugal, les pays de l'Est:
  S.A. VANDER
  Avenue des Volontaires 321, 1150 Bruxelles (tél.: 02-762-0662)

Guy Milot

Choix de carrières
après l'université

LES ÉDITIONS DE L'HOMME *

CANADA: 955, rue Amherst, Montréal H2L 3K4

*Division de Sogides Ltée

© 1982 LES ÉDITIONS DE L'HOMME,
DIVISION DE SOGIDES LTÉE

Tous droits réservés

Bibliothèque nationale du Québec
Dépôt légal — 1er trimestre 1982

ISBN 2-7619-0191-6

Introduction

Le choix d'une carrière nous oblige à considérer plusieurs éléments. Avant d'opter pour tel ou tel métier ou profession, il faut être bien renseigné et pouvoir répondre à des questions essentielles. Par exemple, quels sont les prérequis (académiques ou autres) exigés par un métier ou une profession? Ce choix correspond-il à vos goûts professionnels, vos aptitudes ou votre personnalité? Où se situe cette carrière sur le plan du marché du travail?

Nous espérons que vous trouverez ces réponses dans la série de 3 volumes que nous vous présentons, ayant pour titre: "Choix de carrières". Le premier, vous suggère des métiers qui ne requièrent qu'un cours en secondaire V; le second, une formation collégiale au niveau professionnel, enfin le troisième, consacré aux carrières exigeant 16 ans et plus de scolarité, ou au minimum, l'équivalent du premier cycle universitaire (baccalauréat). Ces carrières s'adressent tant aux femmes qu'aux hommes.

Chacune des activités professionnelles traitées se définit ainsi; nature du travail, prérequis académiques ou professionnels, exigences et qualités requises, débouchés et salaires. Nous avisons cependant le lecteur, que les renseignements transmis au sujet des salaires sont basés sur les données des années 1980 à 1982 inclusivement.

Connaissant l'importance d'une bonne orientation, nous espérons que l'information contenue dans cette série de volumes vous aidera dans le choix judicieux de votre carrière.

Bonne chance!

Guy Milot
Conseiller d'orientation
professionnelle

Actuaire

institut canadien des actuaires

Champs d'action

Si l'on demandait aux gens de la rue d'expliquer ce qu'est un actuaire, on risquerait sans doute d'avoir des réponses assez farfelues. L'actuaire est en effet très peu connu par la population en général. On pourrait cependant le définir succinctement comme suit: c'est le spécialiste de l'application des mathématiques à l'assurance-vie.

De fait, le rôle principal de l'actuaire est d'assigner une valeur financière actuelle à des événements futurs afin d'avoir en main les éléments essentiels qui permettent de prendre une décision rationnelle portant sur "l'incertain", sur "l'inconnu". Voici quelques exemples de problèmes auxquels fait face l'actuaire-conseil:

— mettre sur pied un régime de retraite qui réponde aux besoins des salariés et qui soit coordonné aux autres programmes d'avantages sociaux, aussi bien privés que gouvernementaux;

— analyser la position concurrentielle de programmes d'avantages sociaux (retraite, invalidité, décès par exemple) et formuler des recommandations;

— analyser l'impact de la capitalisation du régime de retraite sur l'ensemble des ressources financières de l'entreprise: flux financiers, besoin de liquidité, croissance de l'entreprise;

— proposer des solutions à l'érosion (due à l'inflation) du pouvoir d'achat des rentes de retraite;

— participer à des négociations ouvrières dans le but de quantifier les demandes syndicales tout en faisant comprendre aux deux groupes en cause le "processus actuariel".

Le rôle de l'actuaire est essentiellement de rendre le futur "moins incertain" en quantifiant, en valeurs présentes, l'impact financier d'événements futurs.

Un exemple fera mieux comprendre: supposons qu'une compagnie d'assurance doive évaluer les exigibilités du régime de retraite (c'est-à-dire la valeur présente des prestations payables selon les dispositions du régime) en tenant compte de facteurs tels que: mortalité, invalidité, cessation d'emploi, politique d'embauche, retraite, hausse salariale, inflation, productivité, régimes gouvernementaux, taux d'intérêt.

Si l'on examine une population composée d'un ensemble d'individus de différents âges, l'on peut "prédire", à partir d'études générales ou extraordinaires, combien d'individus, dans chaque groupe, mourront, quitteront leur emploi, seront embauchés ou prendront leur retraite.

Si l'on continue cet exercice pour les années futures, on obtient un profil "probable" de la population qui existera à ces différentes époques. À partir de ce profil, on peut alors déterminer combien de gens seront admissibles aux prestations prévues par les dispositions du régime, le montant de leurs prestations et trouver leur valeur présente à l'aide de projections des salaires, de taux d'intérêts, d'inflation et de productivité.

En fait, l'actuaire, avec l'aide de son client (par exemple, le service du personnel ou le service des finances) et des administrateurs du régime (par exemple, les conseillers en placement), établit un "modèle démographique" qui évoluera à l'intérieur d'un "modèle économique". C'est ce qu'on appelle estimer la valeur présente de l'obligation.

Mais l'actuaire doit aussi estimer l'actif réservé aux fins de réponse à l'obligation. C'est pourquoi le rôle de l'actuaire n'est pas de diriger ou de suggérer les placements de la caisse de retraite: "il doit cependant analyser le rendement obtenu par la caisse et formuler des hypothèses de croissance de la caisse conformément au "modèle économique" qui a servi à la détermination des exigibilités du régime".

La détermination de "l'obligation" et de "l'actif" amène l'actuaire à se pencher sur la question: "comment combler l'écart?". Pour ce faire, il doit tenir compte, entre autres: des règlements gouvernementaux de capitalisation; des déductions permises par la fiscalité; des besoins de liquidité de l'entreprise; du rendement "interne" et du rendement "externe" des placements; de la croissance prévue de l'entreprise.

Le rôle primordial de l'actuaire est de mettre sur pied une stratégie budgétaire de capitalisation du régime de retraite qui réponde à trois exigences à la fois: garantir aux participants la sécurité des prestations accrues; intégrer le financement du régime à la planification globale des ressources de la société; respecter les règlements mis de l'avant par les organismes de contrôle fédéral et provincial.

Le "processus actuariel" ayant été appliqué, il s'intègre dans le cadre du "triangle administratif" essentiel à la réussite de toute activité. Triangle dont les pôles sont: planification, implantation, revue.

L'actuaire doit jouer un rôle important à chacune de ces étapes; il lui incombe alors de participer tant à la conception des régimes qu'au calcul de leur impact financier sur les ressources de l'entreprise.

Le rôle social de l'actuaire est donc indéniable quand on sait que l'économie est fondée sur des ressources limitées et que leur distribution doit être faite de façon rationnelle.

Formation de l'actuaire

Pour devenir actuaire, il faut avoir terminé ses études collégiales en sciences pures et appliquées et un baccalauréat en actuariat d'une durée de 3 ans à l'Université Laval ou un baccalauréat ès sciences mathématiques avec option en actuariat à Montréal. On peut également être admis aux études d'actuariat après des études en sciences administratives au cégep.

Il faut passer et réussir avec succès une série de 10 examens (qu'on peut reprendre autant de fois qu'on échoue) pour être reconnu membre "fellow" de l'Institut canadien des actuaires (ICA). Afin de devenir membre de cet Institut, il faut obtenir le "fellowship" de la Society of Actuaries (SOA) dont le siège social est à Chicago.

Exigences et qualités requises

Grande capacité d'abstraction et de concentration, esprit logique et méthodique. Habileté pour les mathématiques.

Débouchés et salaires

Les actuaires travaillent pour les compagnies d'assurances, les gouvernements et les sociétés privées et quelques-uns oeuvrent à leur compte. En 1980-81, les finissants d'université ayant réussi 5 examens gagnaient en moyenne 18 000$ et les nouveaux *fellows* 35 000$. Certains actuaires peuvent gagner 50 000$ ou 60 000$, tout dépend de la fonction ou du poste occupé.

Agronome

Champs d'action

Chaque année, la Faculté des sciences de l'agriculture et de l'alimentation de l'université Laval de Québec reçoit plusieurs offres d'emplois pour ses étudiants. Même si l'on répète souvent que l'agriculture est en régression et que le nombre des agriculteurs diminue, il y a place pour des hommes ou des femmes spécialisés dans les diverses sciences de l'agriculture.

En effet, l'agriculture moderne est une industrie aussi passionnante que complexe et les industries spécialisées connexes à l'agriculture se développent considérablement.

Les découvertes scientifiques, les techniques de distribution des produits agricoles, les techniques modernes de commercialisation et de financement en ce domaine, provoquent une abondance d'emplois nouveaux dans les carrières agronomiques.

Formation

Il faut obtenir le DEC et avoir suivi le profil des sciences pures et appliquées ou sciences de la santé. Le cours est de 4 ans (8 trimestres) à la Faculté des sciences de l'agriculture et de l'alimentation à l'université Laval de Québec; on accorde beaucoup d'importance aux sciences fondamentales. À la fin des études, on obtient un baccalauréat spécialisé. Ceux qui le désirent peuvent poursuivre leurs études jusqu'au niveau de la maîtrise et du doctorat. À Sainte-Anne-de-Bellevue, dans la banlieue ouest de Montréal, le collège Macdonald, Faculté d'agriculture de l'Université McGill, offre des programmes de même nature qui conduisent à un baccalauréat avec majeure après 3 ans.

Cinq champs de spécialisation

Aujourd'hui, l'étudiant en agronomie fait face à l'un des 5 programmes suivants:

— la bio-agronomie, qui prépare des spécialistes en sciences biologiques, appliquées aux sols, aux plantes et aux animaux;

— le génie rural, formant des ingénieurs capables d'analyser et de solutionner les problèmes de construction, d'irrigation, de machinisme agricole et autres en agriculture;

— l'agro-économie, portant sur les problèmes économiques et sociaux reliés à la production agricole;

— les sciences des vivres, visant à préparer l'étudiant à occuper des postes dans les industries alimentaires (recherche, production, etc.);

— la consommation, nouveau programme qui prépare des spécialistes capables de jouer un rôle auprès des consommateurs dans l'utilisation des biens et des services.

Exigences et qualités requises

Méthode, bonne santé, initiative, sens de l'organisation, aptitude pour les sciences, surtout la chimie, la physique et la biologie sans oublier aussi les mathématiques.

Débouchés et salaires

Selon les spécialisations mentionnées précédemment, les finissants en bio-agronomie peuvent trouver des débouchés dans les industries agricoles, alimentaires, pharmaceutiques, chimiques ainsi que dans les organismes gouvernementaux intéressés à l'amélioration, la protection ou la conservation des ressources biologiques et agricoles ainsi que dans les domaines de l'irrigation, du drainage et du contrôle d'érosion. (La conception de réseaux de distribution de l'eau à la ferme, etc.).

En génie rural, les spécialistes travaillent dans les domaines de la construction de bâtiments de ferme, le dessin, la construction, la vente et l'entretien des machines agricoles de même que l'amélioration de l'outillage.

L'électrification rurale, les systèmes automatiques de manutention, la transformation, le traitement des produits agricoles sur la ferme et dans l'industrie sont autant de secteurs où le finissant en génie rural peut travailler.

L'entreprise privée et le gouvernement recourent aux services des agro-économistes dans la planification, le financement, la gestion et l'exploitation agricole. L'avènement récent de l'économie rurale au Québec a accru la demande de diplômés en agro-économie.

Quant à l'industrie alimentaire, si étroitement reliée à l'agriculture, elle requiert de plus en plus de spécialistes formés par le programme en sciences des vivres. Ces diplômés feront de la recherche dans les secteurs de la qualité et de la valeur des aliments.

Bref, ces quelques informations, extraites des différents programmes de la Faculté des sciences de l'agriculture et de l'alimentation de l'université Laval de Québec, démontrent les choix nombreux qui s'offrent aux étudiants en agronomie moderne. Les salaires étant extrêmement variables dans tous ces secteurs, nous préférons ne pas risquer de chiffres précis. Cependant, comme pour tous les professionnels spécialisés, ces revenus peuvent varier de 15 000$ à 50 000$ et plus, selon l'expérience acquise et le milieu de travail.

Savez-vous que...

La diversité des carrières offertes en agronomie permet tant aux hommes qu'aux femmes de trouver un travail à leur goût. Il n'est pas nécessaire d'avoir vécu sur une ferme pour être admis à ces cours.

Le nouveau programme d'études de l'université Laval permet facilement à l'étudiant de changer d'orientation sans trop perdre de temps, à l'intérieur des différents programmes.

On peut obtenir des informations supplémentaires en communiquant avec le secrétaire de la Faculté des sciences de l'agriculture et de l'alimentation des universités où ces cours sont donnés.

Anesthésiste-réanimateur

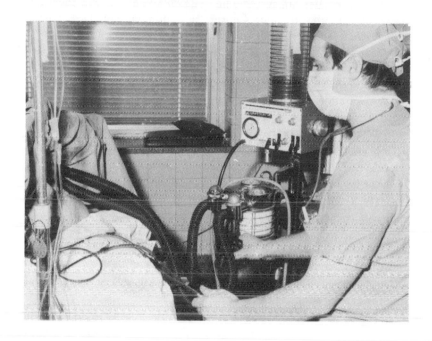

La profession

L'anesthésiste-réanimateur est un médecin spécialisé dans la science et la technique d'endormir les personnes devant subir une intervention chirurgicale et de les réanimer une fois l'opération terminée.

Peu ou mal connu par la population en général, l'anesthésiste est pourtant l'un de ceux qui sauvent le plus grand nombre de vies dans notre société à cause précisément de l'importance de son intervention avant, pendant et après une opération. Endormir quelqu'un peut paraître facile à première vue et il semblerait qu'on puisse le faire de diverses façons. Mais ce qui est moins facile, c'est de maintenir le patient endormi dans les meilleures conditions d'homéostasie, c'est-à-dire dans les meilleures conditions vitales physiologiques. En d'autres termes, durant l'opération, l'anesthésiste voit à ce que la personne endormie ait une respiration et une circulation sanguine normales, un système nerveux en bon état et des fonctions gastro-intestinales régulières, bref, il voit à ce que la personne opérée soit dans des conditions idéales.

Dans ce but, l'anesthésiste-réanimateur doit, non seulement maîtriser des techniques très spécialisées, mais il doit aussi comprendre les besoins de l'être humain et les exigences des fonctions vitales, fonctions cardiaques et rénales (reins), les paramètres liquidiens électrolytiques et les besoins caloriques du patient qui est à jeun depuis des heures.

L'anesthésiste doit pouvoir combler chez le patient les déficiences que celui-ci ne peut combler lui-même, d'où une attention de tous les instants de la part du spécialiste auprès de l'opéré(e).

Les agents anesthésiques sont utilisés en tenant compte de l'état du patient et de ses réactions possibles aux médicaments. Par exemple, une personne allergique à l'iode risquerait de mal réagir à un médicament qui en contiendrait. D'où l'extrême prudence de l'anesthésiste qui, avant d'endormir quelqu'un, s'enquiert auprès de la personne, lors d'une visite préopératoire, de son état de santé, de ses habitudes de vie, de ses allergies, etc.

Il doit aussi tenir compte de l'âge et de la gravité de l'état du patient, de la durée de l'opération projetée, du genre d'intervention à faire et des conséquences postopératoires, de même que des appareils pour les soins intensifs utilisés sous surveillance constante. C'est l'étape de la réanimation.

Autrefois on endormait avec un masque et de l'éther, de nos jours, on provoque l'hypnose complète à l'aide de barbituriques à action ultra-rapide; on pratique l'analgésie, c'est-à-dire l'insensibilisation contre la douleur avec des narcotiques; et l'on provoque le relâchement musculaire avec des dérivés de curare, c'est-à-dire des poisons identiques à ceux utilisés autrefois sur les flèches empoisonnées en Amérique du Sud. L'effet de ce dernier produit est évidemment contrôlé et même neutralisé à la fin de l'opération par d'autres médicaments.

Enfin, l'anesthésiste, grâce à une prémédication administrée au moyen de piqûres avant l'opération, tente d'amoindrir ou d'éviter chez la personne qui sera opérée les effets secondaires de l'anesthésie sur le système nerveux autonome, tels que vomissements, hoquets, etc.

Aujourd'hui, le patient est de plus en plus surveillé à l'aide d'équipement électronique. On observe ses fonctions vitales: rythme cardiaque, fonction cérébrale, tension artérielle et veineuse et autres, d'une façon plus précise, plus déterminée et scientifique qu'autrefois. Il n'est pas suffisant d'endormir une personne, il faut qu'à son réveil, elle puisse récupérer ses fonctions vitales au maximum, d'où le rôle éminemment important de ce médecin spécialiste qu'on appelle un anesthésiste-réanimateur.

Formation

Douze années d'études après un secondaire V et une forte concentration en sciences, voilà globalement le chemin *à suivre*.

Au cégep un cours de 2 ans en sciences de la santé et 1 année prémédicale de sciences fondamentales (chimie, physique et biologie), à l'université 5 années de médecine générale et 4 années de spécialisation incluant 1 année de médecine interne dans un hôpital afin de se familiariser avec des spécialités telles que: cardiologie (coeur), pneumologie (poumons), néphrologie (reins), hématologie (sang), pharmacologie (médicaments), etc.

Au cours de ses études, l'anesthésiste doit approfondir des sciences dites fondamentales comme la physiologie, la biochimie et la physique. Bref, après avoir lu ces lignes, qui oserait prétendre que ce spécialiste n'est qu'un technicien? L'anesthésiste est d'abord un homme (ou une femme) de sciences et un médecin en plus d'être un technicien hautement spécialisé.

Exigences et qualités requises

La qualité essentielle de l'anesthésiste, c'est d'être apte à penser, juger et réagir rapidement, surtout dans les urgences.

Il faut une grande maîtrise de soi, du sang-froid et un esprit pratique et attentif de tous les instants durant l'opération. L'anesthésiste doit diagnostiquer et donner rapidement le médicament approprié par voie intraveineuse dont l'effet se produit en moins de 30 secondes. La dextérité est une qualité essentielle chez l'anesthésiste qui doit manipuler des appareils et se servir d'instruments divers. Il doit avoir de bons réflexes et être capable de supporter des périodes de tension, de stress et d'imprévu. Exposé à devoir travailler de longues heures — quelques-uns travaillent même 18 et 20 heures par jour dans certains milieux — l'anesthésiste a besoin d'une bonne résistance physique et d'un certain courage.

Débouchés et salaires

Il y a pénurie de spécialistes en ce domaine, surtout dans les centres éloignés. Il n'y a jamais de chômage dans cette carrière. Le revenu moyen annuel brut en 1980-81 pour les anesthésistes se situait aux environs de 79 300$.

Il existe une association dite Association des anesthésistes-réanimateurs du Québec. Cette association a un double but.

1. Elle est d'abord un syndicat membre de la Fédération des médecins spécialistes du Québec qui voit à la défense des intérêts de ses membres.

2. Elle est aussi une association qui voit à donner un excellent service à la population en veillant au perfectionnement de ses professionnels. L'Association des anesthésistes-réanimateurs du Québec constitue la division du Québec de la Société canadienne des anesthésistes.

Architecte

Un peu d'histoire

Florissante dans l'Antiquité chez les peuples romain, grec et égyptien, l'architecture est l'une des plus vieilles professions au monde. On l'a appelée la mère des arts. Les ordres religieux la rendirent éclatante grâce à la beauté des cathédrales du Moyen Âge. À l'époque de la Renaissance, l'architecture se manifesta dans les oeuvres des célèbres artistes et architectes que furent Michel-Ange et Léonard de Vinci. Ensuite plus près de nous, sous formes différentes, l'architecture fit son chemin à travers la Révolution industrielle, mais en tout temps, depuis l'époque reculée de l'érection des pyramides d'Égypte jusqu'à la construction du célèbre Stade olympique de Montréal, l'architecture s'est toujours imposée par son importance scientifique, artistique et sociale.

Nature du travail

L'architecte est celui qui conçoit et dessine les plans de résidences ou d'édifices publics ; il agence les espaces intérieurs et extérieurs des constructions, les aménage et voit à ce que les plans soient réalisés conformément aux désirs et aux goûts du client.

Il consulte d'ailleurs ce client avant d'exécuter les plans et travaux, l'informe du coût et de la durée des opérations, le conseille sur les modèles et les matériaux.

Il dessine les épures et rédige les documents en vue de la construction du bâtiment. Il exécute les dessins à l'échelle et rédige les devis et autres documents de travail destinés aux artisans et entrepreneurs. L'architecte travaille en collaboration avec des ingénieurs spécialisés qu'il consulte sur les questions de charpente, d'électricité, de sol, d'outillage technique etc. Il consulte aussi des spécialistes sur les questions de rentabilité, d'analyse et de conventions financières et même sur le choix des lots, des emplacements. Il inspecte et surveille les travaux sur les chantiers.

Certains architectes peuvent se spécialiser dans la conception et le plan de bâtiments industriels, commerciaux, domiciliaires, d'institutions de loisirs, etc.

Formation

Le secondaire V avec les mathématiques 522 ou 532, la physique et la chimie 522 ou 552 constituent une base pédagogique primordiale pour ceux qui aspirent à cette carrière.

Le cégep, de préférence option sciences pures et appliquées (2 ans) est exigé avant de s'inscrire à la Faculté de l'aménagement de l'Université de Montréal dont l'architecture est une spécialité (avec l'urbanisme). L'Université McGill et l'université Laval de Québec donnent aussi un cours d'architecture.

Les étudiants qui ont fait le cégep, option sciences pures et appliquées peuvent suivre les cours en architecture, paysage et design industriel. Par contre, ceux qui auraient fait le cégep, option sciences humaines pourraient suivre les mêmes cours excepté le design.

La Faculté de l'aménagement de l'Université de Montréal fait subir des tests d'aptitudes aux candidats avant de les accepter. La scolarité du baccalauréat est de 8 trimestres. Une fois les études terminées à la Faculté de l'aménagement, le diplômé doit faire un stage de 24 mois dans un bureau d'architectes avant de se voir conférer le titre d'architecte par l'Ordre des architectes du Québec. Nul ne peut porter le titre d'architecte s'il n'est pas membre de cette association professionnelle.

Au Québec la pratique de l'architecture est régie par une loi adoptée par l'Assemblée nationale. L'Association des architectes de la province de Québec a été fondée en 1890. Toutefois, l'A.A.P.Q. prit le nom d'Ordre des architectes du Québec en 1973, lorsque le Code des professions fut adopté.

Exigences et qualités requises

Il est essentiel d'avoir un esprit créateur. L'architecte est un artiste, un dessinateur; il lui faut beaucoup d'imagination. Il est un homme (ou une femme) de sciences; il doit exceller en mathématiques et en physique, connaître de façon générale les méthodes de calcul des structures et être capable de les appliquer, connaître la résistance des matériaux et leur composition. Il est aussi un homme d'affaires. Il doit apprendre les procédures de soumission et les techniques de contrôle des coûts de construction; il lui faut connaître les contraintes économiques, les valeurs immobilières, etc. Enfin, l'architecte est un homme de relations sociales et publiques, il est appelé à rencontrer des clients, des entrepreneurs, des ingénieurs, des dessinateurs, des hommes d'affaires. Bref, il faut beaucoup d'entregent, d'intelligence et de personnalité pour s'engager dans cette carrière.

Débouchés

Les établissements industriels et commerciaux en requièrent ainsi que les grandes entreprises publiques. Bell Canada, l'Hydro-Québec, les compagnies ferroviaires, etc., les gouvernements municipal, provincial et fédéral également.

Salaires

En 1980-81, dans cette profession, les traitements chez les architectes salariés, se situaient en moyenne entre 30 000$ et 35 000$ environ pour l'ensemble du Québec. Certains architectes qui réalisent des oeuvres grandioses ont évidemment des revenus qui dépassent les cinq chiffres.

Astronome

La profession

L'astronome fait des recherches sur la structure et l'évolution de l'univers, des galaxies, des étoiles et des systèmes planétaires. Il étudie l'abondance des éléments dans les nuages de poussières et de gaz interstellaires

On ne saisit pas toujours bien l'importance pratique de l'astronomie et pourtant cette science, plusieurs fois millénaire, répond à des questions que nous nous posons tous les jours, relativement à la détermination de l'heure, du temps et de l'espace.

Avant que l'astronomie ne donne aux phénomènes célestes une explication scientifique, les anciens, particulièrement les Babyloniens, les Égyptiens et les Chinois entretenaient sur ces phéno-

25

mènes des croyances légendaires fort imagées. Par exemple, lors des éclipses de soleil, on imaginait qu'un monstre avait dévoré le soleil.

Il faut éviter de confondre l'*astronomie* et l'*astrologie*. L'astronomie étudie la répartition des astres dans l'espace, analyse et interprète leur position et leur mouvement. Elle étudie leur température, leur masse, leur activité lumineuse et chimique de même que leur distance et leur influence mutuelle.

L'astrologie, par contre, se veut une science qui prétend prédire l'avenir d'après la position des astres.

Depuis les 14e et 15e siècles, l'astronomie a beaucoup évolué et est devenue avec le temps une tentative scientifique d'explication mathématique de l'univers. D'Alembert définissait ainsi l'astronomie: "l'application la plus sûre de la géométrie et de la mécanique réunies".

En d'autres termes, l'astronomie est la science qui décrit le système de l'univers: cosmologie du temps, soleil, planètes et voûte céleste émaillée d'innombrables étoiles.

Les 16e et 17e siècles ont vu la création d'instruments scientifiques modernes en astronomie, ce qui a permis de vérifier ou d'infirmer avec des mesures quantitatives les phénomènes astronomiques. Grâce à ces instruments, on a démontré, entre autres, que les étoiles étaient plus éloignées que le soleil et la lune.

De nos jours, avec les puissants télescopes, on tente d'expliquer tout l'univers, des galaxies les plus éloignées jusqu'à la composition du soleil qui constitue, même pour la terre, une source d'énergie et de vie.

Jusqu'au 20e siècle, on constatait ce phénomène, sans toutefois l'expliquer. Maintenant, grâce aux découvertes et aux applications de l'astronomie, on sait que la source d'énergie provient de la masse du soleil dont les matières brûlées, en réaction thermonucléaire, sont converties en énergie.

Formation

Le cégep, option sciences pures et appliquées, un baccalauréat en physique (3 ans), suivi d'une maîtrise et d'un doctorat (4 à 5 ans) en physique, concentration en astrophysique, conduisent à cette profession.

Exigences et qualités requises

Il faut de l'aptitude pour les sciences, surtout les mathématiques, de la curiosité intellectuelle, le goût de la recherche, l'esprit de discipline et l'intention de ne jamais cesser d'étudier.

Débouchés et salaires

Des astronomes opèrent ou travaillent dans les centres de recherches, notamment au Conseil national de recherches du Canada, dans les universités, dans l'industrie aérospatiale (la N.A.S.A. aux É.-U.). L'astrophysicien est appelé à faire de nouvelles découvertes scientifiques. Ainsi, depuis 10 ans, on a fait des découvertes auparavant imprévisibles, telles les quasars, c'est-à-dire des galaxies en explosion. On a aussi découvert *des états extrêmes de la nature*, tels les pulsars dont 1 cm^2 peut peser un millier de tonnes.

Les salaires varient selon le poste occupé. En 1980, ils étaient de 16 000$ à 35 000$ environ selon les années d'expérience.

Quelques précisions

Même si le soleil existe depuis 5 milliards d'années, nous pouvons compter sur son énergie pour encore 2 à 3 milliards d'années.

La masse du soleil serait presque exclusivement composée d'hydrogène et d'hélium. De plus, les gaz sous la surface du soleil seraient animés de vitesses de rotation différentes, variant par couches, selon leur profondeur, ce qui pourrait expliquer les taches solaires. Or, pour les futurs astronomes, l'hypothèse suivante se pose: prouver qu'il fait plus froid sur la terre quand il y a moins de taches solaires et vice versa. Voilà un défi de recherche à relever... pour les futurs étudiants en astrophysique.

Savez-vous qu'au sommet du mont Mégantic, à quelque 40 milles à l'est de Sherbrooke, il y a un observatoire où se trouve un grand télescope de 1,60 mètre d'ouverture? Cet observatoire est la propriété de l'Université de Montréal et il est administré en collaboration avec l'Université Laval. En 1978, le directeur était monsieur

René Racine du Département de physique de l'Université de Montréal. Le public peut visiter les installations de l'observatoire tous les jours de 14 heures au coucher du soleil.

Le mont Mégantic est situé dans un territoire équidistant de quatre petites villes du Québec : La Patrie, Scotstown, Notre-Dame-des-Bois, Val Racine. On y parvient en passant par Lennoxville, près de Sherbrooke.

Avocat

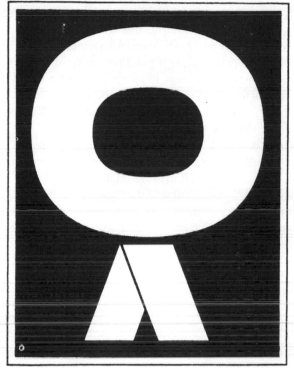

Sigle du Barreau du Québec.

Champs d'action

Notre civilisation repose sur le droit qui régit les relations humaines selon un ensemble de règles et de procédures propres à assurer l'ordre des sociétés et la liberté des individus.

La plupart d'entre nous, à un moment ou à un autre de notre vie, avons recours à un avocat ou à un notaire. Qu'il s'agisse de faire un testament, de rédiger un contrat ou d'obtenir un avis juridique, il peut être utile de consulter un avocat qui connaît les principes du droit et qui est capable de se retrouver dans toute la complexité des lois. En effet, de par sa formation, l'avocat connaît les lois fédérales et provinciales et peut les interpréter dans des affaires tranchées par les tribunaux.

La fonction première de l'avocat est de fournir l'assistance juridique qui permettra d'apporter une solution pacifique à des conflits. Il y a les avocats *plaidants* qui font valoir la cause de leur client devant un juge; ils préparent leur plaidoyer de façon claire et concise, ils établissent méticuleusement leurs arguments en se référant à la loi et à la jurisprudence. Il y a aussi les avocats *consultants* qui informent leurs clients de leurs droits et obligations d'ordre légal sur une multitude de points.

L'avocat touche à presque tous les domaines de l'existence; il peut être appelé par exemple à régler des problèmes qui impliquent des contrats et des affaires de relations de travail. Il s'occupe de brevets d'invention, de droits d'auteur et de marques de commerce. On le retrouve en droit criminel et pénal, en droit immobilier, en droit civil, en droit commercial où il est responsable des incorporations de sociétés et des rédactions de contrats.

L'avocat s'occupe aussi de droit municipal, scolaire et paroissial; d'expropriations, de faillites, de perceptions de comptes; d'impôts et de taxation, d'immigration et de naturalisation. Il a un rôle à jouer dans les transports en droit aérien et naval et bientôt spatial. Il fait le lien entre propriétaires et locataires, patrons et ouvriers. Il règle les relations domestiques comme l'adoption, la recherche en paternité, le divorce et la séparation, les successions et les testaments.

Formation et droit de pratique

Pour pratiquer le droit au Québec, il faut avoir obtenu une licence en droit, ou l'équivalent, d'une université reconnue; il faut aussi avoir réussi les examens de contrôle du Barreau et avoir effectué un stage pratique sous la direction d'un avocat. Les trois ans d'université pour la licence et les années supplémentaires pour le doctorat si désiré doivent être précédées du cégep, option sciences humaines.

Tout avocat doit être inscrit au Barreau pour pouvoir pratiquer le droit. Une personne qui ferait suivre sa signature du mot "avocat" ou qui donnerait des conseils d'ordre juridique sans être membre en règle du Barreau serait passible de poursuite.

Le Barreau contrôle l'admission à la profession d'avocat. Il exerce aussi une surveillance sur l'exercice de la profession.

L'avocat peut en effet être appelé en tout temps, à la suite d'une plainte, à expliquer sa conduite devant le syndic du Barreau ou devant un comité de discipline. Trouvé coupable de mauvaise conduite, l'avocat peut se voir imposer une peine allant jusqu'à la suspension à vie de son droit de pratique. Il peut aussi être poursuivi devant les tribunaux comme n'importe quel autre citoyen.

Exigences et qualités requises

Pour réussir dans cette carrière, il faut pouvoir s'exprimer par écrit et surtout par oral avec une certaine facilité. Le droit est un domaine exigeant qui implique beaucoup de détermination, de civisme et même de résistance physique à cause de la longueur des heures de travail. Il n'est pas rare pour un avocat de devoir travailler plus de 10 à 12 heures par jour: dossiers à préparer, études, rencontres, plaidoyers à rédiger, etc.

Le respect et l'intérêt pour les lois; du jugement, de l'aptitude à raisonner, une bonne mémoire, une intelligence supérieure, l'esprit de justice et d'honnêteté sont aussi des qualités souhaitables chez l'avocat.

Débouchés et revenus

Au Québec, les avocats peuvent à la fois plaider devant les tribunaux et exercer des fonctions de conseiller juridique pour le compte d'entreprises ou d'organismes divers. Bien sûr, tout citoyen peut défendre sa propre cause devant les tribunaux, mais seul un avocat a le droit de représenter une autre personne ou de fournir des conseils de nature juridique. Cette disposition vise à protéger le public, car si un individu peut réussir à expliquer une loi en particulier, seul un avocat, dont la profession exige une connaissance de l'ensemble des lois, offre les garanties d'une compréhension globale d'un problème et de ses conséquences.

Beaucoup de jeunes avocats ouvrent leur propre étude, soit seul, soit en association avec d'autres avocats. D'autres peuvent se mettre au service d'une étude établie, de l'industrie ou des pouvoirs publics. Ceux qui ouvrent une étude gagnent leur revenu en touchant des honoraires provenant de chaque affaire dont ils s'occupent pour un client. Ceux qui sont au service d'une société ou d'une administration touchent un salaire fixe, indépendamment du nombre d'affaires traitées.

— Avocat débutant en 1980: 16 000$

— Avocat de 10 ans de pratique et moins en 1980: 21 000$. (Ces chiffres nous ont été donnés par un membre autorisé du Barreau.)

Avec les années, l'avocat peut gagner beaucoup plus de 21 000$. Certains gagnent entre 50 000$ et 100 000$ par année, cela dépend de leur influence, de leur compétence et de leur notoriété.

Bibliothécaire professionnel(le)

Champs d'action

Le bibliothécaire professionnel s'occupe de l'organisation, de la recherche, de l'administration, des collections et de la diffusion des documents dans les bibliothèques et centres de documentation.

De nos jours, la bibliothéconomie est une spécialité en pleine expansion, de ce fait aucune énumération des fonctions du bibliothécaire professionnel ne saurait être définitive. L'ordinateur a pénétré le secteur de la bibliothéconomie qui l'utilise de plus en plus. On peut cependant résumer ainsi les principales tâches du bibliothécaire professionnel: administration, développement des *ressources documen-*

taires, traitement des documents et services au public. Ce sont les quatre grands "blocs" d'activité des bibliothécaires professionnels.

Au plan administratif, le spécialiste en bibliothéconomie planifie, c'est-à-dire qu'il définit les buts et les objectifs de la bibliothèque, inventorie et analyse les besoins du milieu, élabore le programme de chacun des services dans un centre de documentation et promeut le programme auprès des autorités. Le bibliothécaire professionnel voit aussi au fonctionnement et à la mise en application des programmes, établit le budget, fait de la gestion de personnel, s'occupe de l'aménagement des locaux et entretient des relations avec d'autres centres de *ressources documentaires*.

Sur le plan du développement des *ressources documentaires*, le bibliothécaire professionnel établit des politiques de choix et répartit le budget alloué aux achats selon les départements, les sujets et les catégories de documents. Il approuve les commandes de livres et de matériel destinées à la bibliothèque et contrôle l'état des dépenses pour chaque secteur du budget.

Il effectue le choix des *ressources documentaires* en collaboration avec les personnes concernées.

Le bibliothécaire professionnel établit aussi les politiques d'élagage et la microreproduction, qui implique entre autres l'utilisation de microfilms, microfiches, cassettes, etc.

Il identifie les sources d'approvisionnement et négocie avec les éditeurs, les libraires et les fournisseurs.

Sur le plan du traitement des documents, le bibliothécaire professionnel s'occupe du catalogage, de la classification et de l'indexation des volumes. Ce travail consiste à décrire les livres et autres documents d'une bibliothèque, à consigner ces données sur un support et à les intégrer dans un catalogue. Le bibliothécaire professionnel a pour fonction d'organiser et de superviser cette opération. Il peut aussi éditer des catalogues et des bibliographies.

Enfin, dans un bloc d'activités qu'on peut appeler les services au public, le bibliothécaire professionnel fournit régulièrement à certains utilisateurs (c'est-à-dire les personnes ou les entreprises, les institutions d'éducation, les municipalités et les centres de recherches) des livres de référence ou des documents et des informations

touchant différents secteurs d'activités. Le bibliothécaire professionnel *assiste* des individus ou des groupes dans leurs recherches documentaires. Il aide les lecteurs à identifier leurs besoins en livres et
documents de toutes sortes. Il peut aussi dresser leur "profil d'intérêts" et le tenir à jour grâce à l'utilisation de banques de données
sur ordinateur.

Formation

On devient bibliothécaire professionnel après avoir obtenu un
baccalauréat soit: en administration, en sciences, en philosophie, en traduction, en informatique, etc. et un diplôme de 2e
cycle (maîtrise) en bibliothéconomie décerné par l'Université
de Montréal (École de bibliothéconomie rattachée à la Faculté des lettres) ou par l'université McGill (École supérieure
de bibliothéconomie). Il faut donc compter au total cinq ans
d'études universitaires: trois ans au niveau du baccalauréat et
deux ans au niveau de la maîtrise.

Il est à noter que les écoles de bibliothéconomie mentionnées
plus haut sont accréditées selon des normes américaines d'excellence.
Sur 300 écoles de bibliothéconomie en Amérique du Nord, à peine
58 étaient (en 1981) reconnues par l'American Library Association
(association américaine qui surveille le programme des cours, la qualité de l'enseignement, les locaux, le matériel de bibliothèque, etc.).

Exigences et qualités requises

La profession exige du bibliothécaire professionnel qu'il ait des
aptitudes pour la gestion et l'administration des relations humaines.
Il lui faut aussi aimer la recherche et la lecture, avoir le souci du
détail et être capable de travailler avec méthode. Enfin, le bibliothécaire professionnel doit avoir un esprit ouvert et de l'entregent.

Débouchés et salaires

Les bibliothécaires travaillent dans les bibliothèques pour
enfants, bibliothèques de quartier, municipales, scolaires, dans les
universités, les hôpitaux, les industries, les organismes gouvernementaux, les centres de recherches, les compagnies pharmaceutiques, etc.

Selon nos sources d'information de 1980-81, les salaires étaient de 22 000$ à 24 000$ en moyenne. Ils variaient entre 18 000$ pour un débutant et 50 000$ dans le cas d'employés occupant des postes supérieurs, par exemple dans les bibliothèques universitaires. Les spécialistes en bibliothéconomie sont représentés par la Corporation des bibliothécaires professionnels du Québec et le titre "bibliothécaire professionnel" est un *titre réservé* aux seuls membres de la Corporation des bibliothécaires professionnels du Québec.

Biologiste

Champs d'action

Voici une spécialité extrêmement diversifiée dans ses applications pratiques surtout à une époque où les problèmes écologiques (pollution de l'air et de l'eau) intéressent de plus en plus les chercheurs scientifiques.

Nous sommes loin du temps où l'image du biologiste était presque totalement identifiée au collectionneur d'insectes et de plantes. De nos jours, la biologie touche à des domaines aussi variés que la microbiologie, la physiologie, la zoologie, la botanique, les sciences de l'environnement (l'écologie) et une foule d'autres disciplines relatives à la vie.

L'étudiante ou l'étudiant en biologie ne restent pas longtemps généralistes; ils deviennent forcément spécialistes dans l'une ou l'autre des sciences précitées. Ils doivent de plus travailler en équipe avec des géologues, des géographes, des psychologues, des ingénieurs-forestiers, etc.

Il y a deux catégories de biologistes; ceux qui travaillent dans les laboratoires et ceux qui vont à l'extérieur, sur le terrain. Les uns s'intéressent aux infiniment petits, tels les micro-organismes en microbiologie (les bactéries, les virus), d'autres s'intéressent aux plantes et aux animaux de toutes sortes (insectes, oiseaux, mammifères, etc).

Prenons, par exemple, le biologiste spécialisé en zoologie. Il travaille parfois en laboratoire à l'identification et à l'analyse de spécimens, mais surtout à l'extérieur, sur le terrain pour observer dans la nature les phénomènes de la vie animale et faire la collecte de spécimens. Il recueille et interprète des données relatives à la croissance, à la migration, à l'alimentation et aux ennemis naturels des animaux; il met au point des méthodes pour agir sur ces phénomènes, il examine et dissèque les spécimens, et il utilise au besoin des instruments scientifiques et même des produits chimiques.

Que ce soit en zoologie ou en botanique ou encore dans d'autres domaines, le biologiste rassemble le fruit de ses expériences et de ses observations, et tire des conclusions à partir desquelles il rédige des rapports, des communications et des documents scientifiques.

Formation

On exige le cégep, option sciences pures et appliquées ou option sciences de la santé (2 ans) et (3 ans d'université) un baccalauréat général ou spécialisé. La plupart des universités canadiennes et québécoises ont un Département de biologie. La formation est théorique, mais elle tend à devenir de plus en plus pratique. À l'intérieur des études, il y a des profils de cours variés avec de multiples options. L'enseignement, comme les recherches, portent sur des sujets aussi intéressants que la biologie moléculaire et cellulaire, l'écologie, la taxonomie, la morphologie et la physiologie animale et végétale.

Beaucoup de recherches sont effectuées sur le terrain, dans la nature, mais aussi dans des centres ou des stations biologiques comme il y en a près de Saint-Hyppolite dans les Laurentides et aussi occasionnellement à la station de biologie marine de Grande-Rivière, en Gaspésie. Dans la région de Montréal, il y a le Jardin botanique et l'arboretum Morgan au collège MacDonald à Sainte-Anne-de-Bellevue (Université McGill). Au nord du Québec, il y a le laboratoire d'écologie de la Société d'énergie de la Baie James.

Exigences et qualités requises

Pour réussir en biologie, il faut pouvoir développer une méthode de travail quantitative. L'esprit d'analyse et de synthèse, l'esprit d'initiative et l'habileté manuelle sont aussi des aptitudes importantes. Ceux qui s'intéressent à l'écologie doivent avoir le goût des déplacements. La biologie est une carrière qui exige une curiosité intellectuelle permanente. Il faut aussi faire des études en chimie, en physique, en mathématiques, en informatique et en anglais pour accéder à la carrière de biologiste.

Débouchés et salaires

On trouve les biologistes dans l'enseignement, dans la recherche, au sein des laboratoires gouvernementaux pour l'aménagement du milieu, pour la chasse, la pêche, la santé, l'agriculture, etc.

Les instituts spécialisés, tels l'Institut du cancer de Montréal, l'Institut de cardiologie de Montréal, l'Institut Armand Frappier de Laval-des-Rapides (anciennement l'Institut de microbiologie et d'hygiène) de même que les services de recherche des grands hôpitaux, voilà des endroits où peuvent travailler des biologistes. Les emplois ne sont pas très faciles à trouver dans ce domaine, donc il faut faire preuve de beaucoup d'initiative. Les salaires varient entre 12 000$ et 35 000$ selon le degré universitaire, les années d'expérience et l'entreprise. Le détenteur d'un doctorat peut évidemment recevoir un salaire plus élevé.

Quelques précisions

Selon des statistiques tirées du journal de l'Association des biologistes du Québec (l'A.B.Q.) portant sur l'hiver 75-76, 2 secteurs en particulier emploient le plus de biologistes: l'enseignement, 44% et la recherche, 26,8%. Depuis quelque temps cependant, les débouchés dans l'enseignement se font de plus en plus rares.

À l'Université de Montréal, c'est au pavillon Marie-Victorin (C.P. 6126, succursale A, H3C 3J7) que se trouve le siège du Département de biologie. Là se trouve la quasi totalité des laboratoires de recherche en biologie pour le compte de cette université.

Chaque professeur a son propre laboratoire dont l'équipement est subventionné par les gouvernements fédéral (notamment le Conseil national de recherches du Canada), provincial (ministère de l'Éducation du Québec) et des particuliers.

On y trouve les appareils de précision et les instruments de travail les plus modernes sur le plan technologique, tels que chromatographes en phase gazeuse, spectro-photomètres visible-UV avec changement automatique de longueur d'ondes et enregistrement des spectres, analyseurs automatiques de corps gras, analyseurs automatiques d'acides aminés, microscopes photoniques perfectionnés, microscopes électroniques à transmission et à balayage, ultracentrifugeuses analytiques, mini-ordinateurs et systèmes de calcul électroniques, etc.

Une bonne partie de l'enseignement et de la recherche en biologie végétale s'effectue dans les locaux du Jardin botanique de Montréal.

Le département dispose d'une station ouverte à l'année, à Saint-Hyppolite, à 90 km au nord de Montréal.

Chimiste

Champs d'action

La science du chimiste et ses activités en laboratoire se rapportent à la composition, à la structure et aux transformations de la matière, de même qu'aux procédés de transformation et aux changements énergétiques qui les accompagnent.

Le chimiste est un scientifique qui se base uniquement sur ce qu'il peut mesurer et évaluer. Il travaille à partir d'éléments sûrs, vérifiables et précis. Il crée de nouveaux produits et développe des méthodes pour préparer, séparer, identifier et purifier des composés chimiques. Il établit la conformité des produits avec des normes. Le chimiste fabrique des molécules sur mesure comme les médicaments, les vitamines, etc. C'est lui qui, dans certains cas, établit la cause des incendies et l'identité des criminels. On peut même faire appel à ses services pour vérifier l'authenticité d'oeuvres d'art.

Certains aspects des problèmes d'écologie, d'alimentation, d'habitation et de santé relèvent de la compétence du chimiste. C'est ainsi qu'on fait la détermination du taux de mercure dilué dans la neige, l'eau, l'air, en rapport avec les problèmes de pollution de l'environnement. La détermination de la nature des substances polluantes découvertes dans la rivière Yamaska a nécessité l'intervention de spécialistes, dont les chimistes.

Le chimiste utilise des méthodes d'examen appropriées, méthodes de dosage, utilisation de burettes, de pipettes et aussi des méthodes physiques sophistiquées employant le rayon laser, l'infrarouge, l'ultraviolet, les rayons X et d'autres techniques modernes. Connaissant les limites des méthodes qu'il emploie, le chimiste est finalement impliqué dans l'interprétation des résultats de ses expériences.

Formation

L'étudiant doit d'abord terminer le secondaire V, concentration sciences. Il lui faut ensuite compléter ses études au cégep, option sciences pures et appliquées ou sciences de la santé et suivre un cours universitaire de 1er cycle au moins, en chimie ou biochimie. Après ces études, le futur chimiste doit adhérer à l'Ordre des chimistes du Québec, car cette profession est régie dans sa pratique au Québec par la Loi des chimistes professionnels et par le Code des professions.

Plus de 30% des chimistes ont un diplôme de 2e et 3e cycles, c'est-à-dire une maîtrise et un doctorat.

Exigences et qualités requises

Le chimiste doit avoir un esprit logique (il est préoccupé par l'essence des choses), un esprit de synthèse (pour conclure à partir d'expériences diverses) et un esprit de décision et d'initiative (pour répondre et trouver des solutions aux problèmes et aux recherches qu'on lui demande). Le sens de la précision est requis de même que l'habileté manuelle, la curiosité et le sens de l'observation. Enfin, puisqu'il est appelé à travailler avec des techniciens et d'autres spécialistes, le chimiste doit avoir l'esprit d'équipe.

Parce que le chimiste utilise les mathématiques dans son travail et qu'il se sert de notions de physique, il est indispensable pour lui d'avoir un goût et des aptitudes pour les sciences.

Il doit aussi être capable d'exprimer clairement les résultats de ses expériences, donc savoir écrire, et durant ses études, être capable de lire des textes rédigés en plusieurs langues.

Débouchés et salaires

Dans l'industrie lourde, par exemple à l'Alcan et à la Noranda Mines, on trouve des chimistes. On en trouve dans l'industrie pharmaceutique pour la mise au point de nouveaux produits. Il y en a aussi dans le domaine des plastiques, des pétroles, du ciment, des métaux, des produits chimiques, comme il s'en trouve également d'autres dans les services de santé, les C.L.S.C. (centres locaux de services communautaires), les hôpitaux où ils font des analyses biochimiques, hématologiques (analyse du sang), toxicologiques (détection des poisons), etc.

Certains travaillent dans l'enseignement à tous les niveaux, du secondaire à l'université, d'autres sont en recherche, dans la fonction publique pour les laboratoires gouvernementaux, etc.

Les perspectives sont plutôt bonnes. Le salaire moyen du chimiste débutant (ayant un baccalauréat) était, en 1980, de 15 500$. Après 5 ans, ce salaire atteint environ 22 500$ et après 10 ans, 30 000$ et plus en moyenne, selon les responsabilités assumées par le chimiste.

Chiropraticien

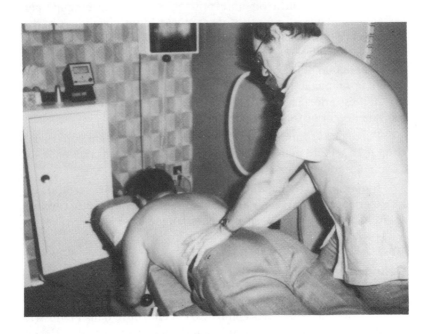

Qu'est-ce qu'un chiropraticien?

Le 17 novembre 1966, le Secrétaire de la province de Québec signait les Statuts du syndicat professionnel des chiropraticiens du Québec et les définissait comme suit: "Le chiropraticien désigne celui qui pratique les corrections manuelles de la colonne vertébrale, des os du bassin et des articulations périphériques; celui qui détermine par l'examen clinique et radiologique des structures énumérées, l'indication du traitement chiropratique, sans autre intervention médicale, chirurgicale, gynécologique et obstétrique, sans l'aide de la prescription, la remise ou l'administration de drogues."

Le chiropraticien n'est pas un médecin, mais c'est un homme ou une femme de sciences qui connaît très bien les fonctions de l'organisme et qui a étudié des techniques particulières pour corriger les dérangements articulaires, les différentes déviations de la colonne vertébrale et en éliminer du même coup les conséquences neurologiques.

Il reçoit à son bureau des patients et les questionne sur leur état de santé. Il procède ensuite à un examen du malade en attachant une importance particulière à la structure osseuse et au système nerveux. Il procède à des tests neurologiques et orthopédiques. Si nécessaire, il fait des radiographies et peut exiger des analyses de laboratoire.

Quand il a diagnostiqué le trouble, il applique un traitement qui peut être constitué de manipulations, de cures de chaleur, de tractions, etc. Il peut se servir d'une table articulée pour faciliter les manipulations au niveau des différentes zones de la colonne vertébrale, du bassin ou aux articulations. Il pourra aussi recommander des exercices correctifs, le port de certaines prothèses et donner des conseils alimentaires.

Formation

La chiropratique est une carrière essentiellement scientifique et technique; elle exige des aptitudes pour les sciences, la chimie, la physique et les mathématiques sans oublier la biologie. Il faut, pour y parvenir, avoir complété ses études au cégep (option sciences de la santé) et quatre (4) années de spécialisation, soit l'équivalent d'environ 4500 heures de cours.

Les cours de chiropratique se donnent au Canada au Canadian Memorial Chiropractic College (C.M.C.C.), 1900 Bayview Avenue, Toronto, Ontario ou à un des neufs (9) collèges chiropratiques américains reconnus par le "Council on Chiropractic Education". Il est recommandé aux candidats, avant d'aller étudier la chiropratique, de s'adresser au comité d'admission de l'Ordre des chiropraticiens du Québec.

Le gouvernement du Québec accorde des bourses aux étudiants qui en ont besoin et qui répondent aux critères d'admission.

Exigences et qualités requises

Il faut de l'initiative pour se faire une clientèle en chiropratique. Il est aussi nécessaire d'avoir beaucoup de résistance physique, le sens de l'observation et le goût de la recherche. La clientèle exige du chiropraticien de la discrétion, du tact, de la prudence, beaucoup d'entregent et de courtoisie. Enfin, la délicatesse, la confiance en soi et la dextérité dans la manipulation de différents appareils font aussi partie des exigences du métier.

Débouchés et salaires

Selon le Dr Jean-Paul Bergeron, B.A., D.C., président de l'Ordre des chiropraticiens du Québec en 1980, il pourrait y avoir 500 chiropraticiens de plus au Québec sans que la profession soit encombrée. Les chiropraticiens gagnent en moyenne de 35 000$ à 50 000$ par année. Certains ont des revenus dépassant 75 000$ et même 100 000$.

La plupart travaillent à leur compte et ont leur propre bureau, certains s'associent et oeuvrent dans des cliniques organisées.

Chirurgien dentiste

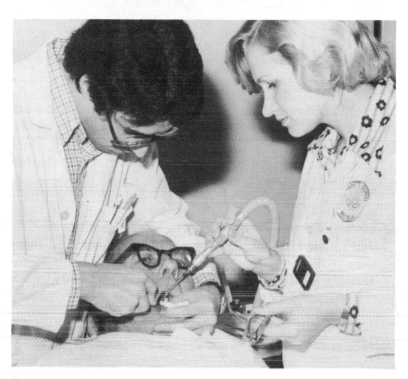

Le dentiste et ses techniques

Le chirurgien dentiste n'est pas nécessairement préoccupé par la dent ou la gencive malade comme telle, mais par l'être humain qui souffre d'avoir un mal de dents ou des difficultés buccales de natures diverses. En d'autres termes, le dentiste considère son patient non pas uniquement comme un simple objet d'application d'une technique ou d'un art, mais comme un sujet humain qui accepte qu'on le soigne par des moyens techniques scientifiquement éprouvés.

Le perfectionnement des techniques de l'art dentaire a amélioré le travail du dentiste au point de rendre maintenant ses opérations presque sans douleur pour le client.

Le dentiste est un spécialiste qui diagnostique et soigne les maladies, les malformations ou les blessures des gencives ou des dents et qui administre les soins préventifs, curatifs ou postopératoires à ses patients.

À l'aide d'un petit miroir en forme de cuillère, du matériel radiologique et de sondes, il constate l'état de la bouche et propose le traitement requis.

Les activités de ce spécialiste peuvent entre autres, consister à nettoyer les dents et à soigner les caries, à les obturer avec des matières telles que l'or, la porcelaine, l'amalgame et même le plastique.

Le chirurgien dentiste pratique aussi des interventions chirurgicales, comme l'extraction de dents cariées.

Il vérifie la poussée des dents et donne à ses clients des conseils d'hygiène de la bouche. Lorsqu'il y a des complications, il réfère ses patients à d'autres spécialistes, dentiste ou médecin.

Le cabinet de travail du dentiste exige un équipement spécifique incluant chaise articulée, lampes flexibles, robinet de rinçage à proximité de la chaise du patient, fraise électrique à haute vitesse, pinces, seringues pour l'injection de substances anesthésiques, appareils radiologiques, etc.

Dans la fabrication des prothèses dentaires, ponts, couronnes, dentiers, le dentiste se fait aider par des techniciens dentaires.

Formation

Le secondaire V avec mathématiques 522 ou 532 et sciences (chimie 522 ou 532, physique 422 ou 432 et biologie) est exigé du futur dentiste.

Ensuite, il doit s'inscrire au cégep général, option sciences de la santé (2 ans) et 4 années à la Faculté de médecine dentaire d'une université. Au Québec, de telles études sont possibles aux universités de Montréal, Laval et McGill.

Le dentiste peut se spécialiser en orthodontie (redressement des dents), en pédodontie (traitement appliqué aux enfants), en chirurgie, en médecine buccale, en périodontie (traitement des gencives), en endodontie (traitement de canal), en hygiène publique et en prosthodontie (prothèses fixes et amovibles).

Exigences et qualités requises

De la psychologie pour comprendre les gens, de l'habileté manuelle pour manipuler les instruments et de bons yeux pour bien voir les détails dans la bouche des patients, sont des qualités indispensables à un dentiste.

Il faut aimer le travail scientifique, technique, mécanique et social pour pouvoir persévérer dans cette carrière.

Difficultés et avantages de la profession

Toujours debout, le dentiste travaille la plupart du temps sur une surface d'un demi-pouce carré entourée de tissus mous, d'où la tension presque continuelle dans ce travail qui exige de la précision et une concentration très grande. De plus, le dentiste doit supporter les différentes réactions des patients.

Cette profession engendre facilement des troubles de la vue et de la tension nerveuse chez celui qui l'exerce.

Le dentiste, dans son cabinet de travail, a l'impression d'être à la tête d'un petit hôpital où l'on fait de la radiologie, du laboratoire et de la chirurgie, d'où un sentiment de valeur personnelle et de grande utilité sociale.

Cette profession apporte des défis continuels, puisqu'on dit qu'il y a plus de 32 interventions possibles sur les dents et les tissus. Autres avantages: indépendance et stabilité économique comparables à celles des médecins.

Inscription à l'Ordre des dentistes du Québec

Selon la Loi des dentistes de la province de Québec, sanctionnée le 6 juillet 1973 (paragraphes 23 et 24), l'Ordre des dentistes décerne un certificat d'immatriculation à tout étudiant ou étudiante en médecine dentaire d'une université de la province qui a terminé avec succès ses études.

L'étudiant qui se destine à l'exercice dans une autre province doit se renseigner exactement sur les conditions d'admission dans cette province, et s'y conformer dès le début de ses études dentaires.

Pour de plus amples renseignements, on est prié de consulter la loi et les règlements régissant l'Ordre des dentistes ou de s'adresser au secrétaire de l'Ordre des dentistes, 801, rue Sherbrooke est, pièce 303, Montréal.

Débouchés et salaires

La plupart des dentistes exercent leur profession en cabinet privé, quelques-uns travaillent dans des cliniques, des hôpitaux, des centres de recherche ou des services municipaux de santé.

La demande est constante. Au Québec, il y a un dentiste pour 2 800 habitants alors que la norme est d'un pour 2 200 habitants. (Statistiques de 1978-79).

À l'Université de Montréal, à la Faculté de médecine dentaire, il peut y avoir 500 demandes d'inscriptions dans une année, mais sur ce nombre, 250 sont conformes aux exigences d'admission, 125 sont très bonnes et 80 peuvent être acceptées à la faculté.

En 1980-1981, les revenus bruts d'un dentiste s'établissaient entre 65 000$ et 85 000$ par année, mais après déductions et dépenses d'opération, les revenus nets moyens se situaient à peu près entre 40 000$ et 45 000$ par année. Ces chiffres varient selon les individus et les années.

Conseiller en relations industrielles

Les membres du Bureau de la Corporation des C.R.I. 12/3/79.

Champs d'action

Pour fabriquer des objets de consommation de tout genre, l'industrie a besoin non seulement de machines, mais surtout d'une main-d'oeuvre capable d'assurer le fonctionnement de ces machines pour la fabrication des produits.

Mais les femmes et les hommes qui occupent des fonctions précises et qui constituent la main-d'oeuvre ont aussi des problèmes et des besoins dans les relations qu'ils établissent entre eux, c'est-à-dire entre patrons et employés ou entre groupes semblables. Les bonnes relations entre les ouvriers d'une même entreprise ou entre les membres du personnel de plusieurs entreprises deviennent une préoccupation de ce spécialiste qu'on appelle le conseiller en relations industrielles.

Les institutions syndicales, patronales, gouvernementales et les industries auront donc besoin en maintes occasions du spécialiste en relations industrielles. Par sa formation, ce spécialiste est appelé à résoudre des problèmes de relations humaines extrêmement variés, de nature économique, sociologique, culturelle, psychologique, politique et organisationnelle.

Le conseiller en relations industrielles est confronté dans son travail à des problèmes de gestion de personnel, d'organisation et de gestion administrative, de droit du travail, de marché du travail et de main-d'oeuvre. C'est ainsi par exemple, qu'un conseiller en relations industrielles peut devoir exercer sa compétence au niveau des plans de sélection et d'embauche des employés d'une entreprise et organiser des programmes de formation destinés aux employés. Dans une entreprise, il peut faire l'étude et la mise sur pied d'un système de classification des occupations et des emplois, et d'une échelle de salaires correspondant à ces occupations. Il peut aussi préparer et négocier une convention collective de travail, soit du côté syndical, soit du côté patronal et administrer les dispositions de la convention collective pendant la durée du contrat.

Le conseiller en relations industrielles peut aussi devoir faire l'étude des facteurs qui affectent l'emploi et le chômage au niveau des individus aussi bien que des groupes; l'étude et la préparation de lois visant à structurer le régime des relations de travail, et l'étude de l'histoire et du rôle social, politique et économique du syndicalisme dans la société. Bref, on peut dire du spécialiste en relations industrielles qu'il occupe une fonction multidisciplinaire impliquant des notions puisées dans la plupart des sciences humaines: la sociologie, les sciences économiques, la science politique, le droit, l'histoire, la psychologie, les sciences de l'administration, etc.

Formation

Le futur conseiller doit avoir suivi le secondaire V avec maths 522 ou 532, cégep avec maths 103 et maths 307 et des cours en sciences économiques, en sociologie, en psychologie et en statistiques.

Ensuite il suivra 3 ans de cours à l'université pour un diplôme de 1er cycle (baccalauréat) en sciences, option relations industrielles. L'École de relations industrielles de l'Université de Montréal est l'un des 27 départements de la Faculté des arts et des sciences de cette université. Elle offre des programmes d'études aux niveaux du 1er, 2e et 3e cycles. Les étudiants font en plus des études théoriques, des stages de pratique professionnelle en industrie. L'étudiant acquiert ainsi de l'expérience tout en recevant un salaire de l'employeur qui reçoit ses services professionnels.

En ajoutant un an d'études après le baccalauréat, il y a possibilité d'obtenir la maîtrise avec mémoire, orientée vers la recherche (maîtrise type A) et la maîtrise sans mémoire orientée vers la pratique professionnelle (maîtrise type B). L'étudiant qui ajoute 3 ou 4 ans de recherche et d'études après la maîtrise peut obtenir le doctorat.

L'université Laval de Québec donne aussi la formation en relations industrielles. À l'Université du Québec, le programme des sciences de l'administration offre la possibilité de prendre des concentrations en relations industrielles. La Faculté de l'éducation permanente de l'Université de Montréal (pour les autres universités, prière de les consulter) offre deux certificats en relations industrielles de 30 crédits chacun et destinés aux personnes qui occupent ou occuperont des postes de cadres dans l'administration du personnel dans leur milieu de travail.

Exigences et qualités requises

Il faut au conseiller en relations industrielles un caractère extraverti, beaucoup d'entregent, des idées claires, une expression orale et écrite facile. Il faut aussi une santé de fer parce que ce travail se fait à des heures irrégulières et souvent avec des tensions multiples. Il faut de la souplesse, de la maturité et de l'équilibre émotif pour faire face aux constants rapports de force qui sont le lot de ce "métier". On attend du futur conseiller en relations industrielles qu'il soit altruiste, compréhensif, conciliateur et nuancé.

Débouchés et salaires

Les entreprises commerciales, manufacturières, industrielles, les gouvernements (Fonction publique), les syndicats, le secteur hospitalier, les associations professionnelles emploient des conseillers en relations industrielles. Le débutant avec baccalauréat et sans beaucoup d'expérience peut gagner environ 15 500$, salaire qui passe rapidement à 20 000$ après quelques années et qui peut atteindre facilement 30 000$, 50 000$ et même 60 000$ dans certains cas (statistiques de 1980-81).

Conseiller d'orientation

Champs d'action

Le rôle fondamental du conseiller d'orientation, c'est d'apprendre à l'individu qui le consultera comment prendre une décision par lui-même, à un moment précis de sa vie, dans un contexte d'évolution psychologique personnelle.

Quel que soit son milieu de travail, le conseiller d'orientation accomplit des tâches telles que conseiller, animer, informer, évaluer et faire de la recherche.

Le conseiller d'orientation reçoit une personne en consultation, l'écoute, discute avec elle de ses problèmes, l'aide à mieux se comprendre et à identifier ses points forts et ses besoins personnels. Par le "counseling", le conseiller d'orientation est appelé à entrer en relation d'aide avec ses clients. Il aide chacun d'eux à s'engager à court et à long termes dans un plan d'orientation scolaire et professionnelle lui permettant de définir ses objectifs et de les réaliser. Cette tâche peut s'exercer autant avec des groupes d'individus qu'avec un individu seul.

Le conseiller d'orientation peut exercer un rôle d'animateur dans son milieu par des interventions favorisant des changements auprès de groupes d'étudiants, de travailleurs, de parents, d'administrateurs ou d'employeurs.

Le conseiller d'orientation est aussi appelé à donner des informations quand il y a lieu, seul ou en collaboration avec les spécialistes qui diffusent l'information. Par exemple, il peut fournir des renseignements sur le marché du travail, les exigences de cours, les qualités requises, les avantages et inconvénients reliés à un choix de carrière, des informations qui peuvent aider l'individu à s'orienter. L'information cependant n'est qu'une fraction des activités du conseiller et elle n'en constitue donc pas l'essence. Le conseiller d'orientation est également un évaluateur qui maîtrise des techniques psychométriques lui permettant de mesurer les capacités d'un individu: intelligence, intérêts, personnalité, aptitudes spécifiques, etc.

Enfin, le conseiller d'orientation doit être constamment en évolution et reviser ses méthodes périodiquement; il doit être en état de recherche afin de toujours donner un service de qualité.

Formation

Le secondaire V et le collégial en sciences humaines constituent les conditions préalables pour accéder au cours universitaire en orientation. Les diplômes qui donnent accès au permis de pratique octroyé par la Corporation professionnelle des conseillers d'orientation du Québec (C.P.C.O.Q.) sont les suivants: licence ou maîtrise en orientation à l'université Laval de Québec ou maîtrise en psychologie, option counseling de la Faculté de psychologie de l'Université de Montréal. À l'Université McGill de Montréal, on peut y parvenir par une maîtrise en éducation, option counseling.

Il faut ajouter un an et demi aux trois années de baccalauréat ou de la licence pour obtenir la maîtrise (ce 2e cycle exige quelques 45 crédits supplémentaires). L'Université de Sherbrooke offre les cours de maîtrise en éducation, option orientation.

Exigences et qualités requises

Il faut des aptitudes en relations humaines: facilité à communiquer, être compréhensif et respectueux des autres. La maturité, l'équilibre, la souplesse psychologique, la discrétion sont aussi des qualités précieuses pour s'engager dans cette carrière où l'on doit inspirer confiance à ceux qui viennent en consultation.

Le conseiller d'orientation doit avoir de la facilité à différencier l'abstrait et le concret; il doit être objectif et capable d'analyse et de synthèse. Il doit aimer les sciences humaines.

Débouchés et salaires

Bien que la majorité des conseillers d'orientation oeuvrent en milieu scolaire, on en retrouve un peu partout ailleurs, par exemple dans les centres de Main-d'oeuvre, au sein d'organismes de santé ou de bien-être (les centres hospitaliers), dans les industries, les services du personnel et bien entendu aussi dans des bureaux privés. Sur environ 1400 praticiens de l'orientation au Québec, il y en a plus de 800 dans le domaine de l'éducation à différents niveaux: élémentaire, secondaire, universitaire et éducation permanente.

La demande de conseillers d'orientation dans le milieu scolaire a tendance à se stabiliser, sauf peut-être à l'élémentaire où les besoins d'orientation se développent et exigeront plus de conseillers... Différents ministères, particulièrement le ministère du Travail et de la Main-d'oeuvre et celui de l'Immigration, auront sans doute besoin tôt ou tard, d'un plus grand nombre de conseillers pour des clientèles spéciales, telles que les handicapés, les chômeurs de 18 à 25 ans, les femmes qui retournent au travail et les personnes âgées de plus de 40 ans.

En 1980-81 selon le nombre d'années d'expérience, le conseiller d'orientation pouvait gagner entre 16 000$ et 40 000$ environ. En pratique privée, les revenus d'un conseiller d'orientation peuvent être très variables.

Diététiste

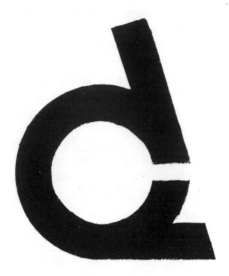

Sigle de la Corporation professionnelle des diététistes du Québec.

Champs d'action

S'il est une profession aux multiples facettes, c'est bien la diététique. Elle permet à ceux et celles qui s'y engagent de faire de la prévention, de la thérapie et de la recherche en nutrition. Science et art de la bonne alimentation et du bien vivre, la diététique prolonge la vie de ceux qui mettent en application les principes d'une bonne alimentation. Le diététiste n'est pas uniquement préoccupé par les régimes alimentaires; il fait découvrir aux bien portants de tous les âges la nécessité d'une saine nutrition pour rester en santé; c'est un défi d'ordre préventif et éducatif.

Tout le monde a besoin de la diététique: les malades comme les bien portants. Les premiers pour guérir plus vite et les autres pour rester en santé et prévenir les maladies.

Le diététiste joue auprès des malades un rôle curatif ou thérapeutique en leur donnant et en adaptant à leurs besoins des diètes qui contribuent à leur guérison.

Le diététiste peut aussi administrer des services alimentaires et travailler avec une équipe d'employés. Le diététiste a aussi un rôle à jouer en recherche lorsqu'il s'agit de promouvoir les avantages et les découvertes de la science de la nutrition.

En résumé, on peut dire que le diététiste peut exercer les fonctions suivantes: consulter et conseiller la population sur l'alimentation en général et la bonne nutrition; élaborer des menus, diriger des services alimentaires, en gérer le personnel et travailler en recherche, souvent à l'intérieur d'une équipe multidisciplinaire sur des études métaboliques, physiologiques, ou épidémiologiques, ou encore dans un domaine plus tangible, celui de la technologie alimentaire.

Le diététiste travaille en collaboration avec des hygiénistes, des infirmières ou des médecins.

Formation

Il faut s'inscrire au secondaire V et choisir les cours de chimie, biologie, physique et mathématiques. Puis 2 ans de cégep général, option sciences de la santé ou sciences pures et 3 1/2 ans (minimum) d'université.

La formation en diététique peut être acquise aux endroits suivants: Département de nutrition de la Faculté de médecine de l'Université de Montréal, Département de diététique de la Faculté d'agriculture de l'université Laval, The School of Food Sciences de la Faculté d'agriculture du collège Macdonald, affilié à l'Université McGill (à Sainte-Anne-de-Bellevue).

Pour compléter sa formation professionnelle, l'aspirant diététiste fait également un stage de formation professionnelle dans certains milieux de travail. Ce stage d'une durée de 40 semaines est intégré au programme d'études universitaires de 3 1/2 ans.

Par la suite, pour travailler comme diététiste, la personne doit être membre de la Corporation professionnelle des diététistes du Québec.

Exigences et qualités requises

Il faut aimer travailler avec des gens, avoir du leadership, le sens des responsabilités, une personnalité agréable et posséder des qualités d'ordre et de méthode. Il faut être en bonne santé, cela va de soi, et avoir un certain flair gastronomique.

Débouchés et salaires

La plupart des diététistes travaillent dans le réseau des affaires sociales: centres hospitaliers, centres d'accueil, département de santé communautaire (D.S.C.) et centres locaux de services communautaires (C.L.S.C.). D'autres travaillent dans les polyvalentes et les industries.

On trouve également des diététistes dans les hôpitaux, les centres médicaux, les universités, les organismes gouvernementaux, les entreprises privées et les services de santé publique des pays en voie de développement. Il y a aussi des diététistes qui font de l'enseignement et d'autres qui offrent leurs services professionnels en consultation externe ou privée.

La diététique est une jeune profession aux perspectives d'emplois variées que ce soit à titre de diététiste nutritionniste qui s'intéresse à l'éducation du public, de diététiste clinicien ou de conseiller en budget.

Les salaires varient selon la classe, l'échelon et les années d'expérience. Les diététistes salariés gagnaient de 15 030$ sans internat (juillet 1980) ou 16 026$ avec internat jusqu'à 30 560$ dans les deux cas, en vertu de l'échelle de salaires négociée dans les hôpitaux avec le ministère des Affaires sociales.

L'échelle de salaires des diététistes en service privé peut être différente, mais presque 75% des diététistes travaillent pour des organismes relevant du gouvernement. Les chefs de services sont rémunérés en tant que cadres dans le réseau des affaires sociales (30 000$ et plus).

Économiste

Taux d'intérêt des prêts hypothécaires ordinaires

Mois	J	F	M	A	M	J	J	A	S	O	N	D
% 1974	10,02	10,01	10,04	10,70	11,26	11,37	11,60	11,85	12,05	12,05	12,00	11,88
.. 1975	11,81	10,95	10,65	10,67	10,99	11,23	11,35	11,52	11,94	12,15	11,97	11,89
.. 1976	11,84											

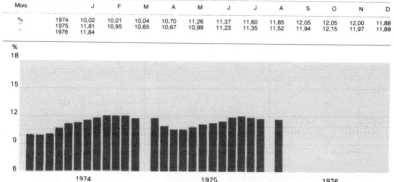

Taux d'intérêt des prêts hypothécaires L.N.H.
pour accéder à la propriété

Mois	J	F	M	A	M	J	J	A	S	O	N	D
% 1973	9,06	9,00	9,02	9,01	9,07	9,25	9,42	9,59	9,72	9,98	9,80	9,99
.. 1974	9,99	10,99	10,88	8,81	10,30	10,08	11,23	11,29	11,77	11,64	11,80	11,75
.. 1975	11,68	11,02	11,04	10,40	10,52	10,68	10,90	11,16	11,32	11,55	11,90	11,89

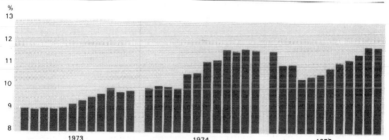

*Revue Statistique du Québec, vol. XV, nos 1-2, juin/septembre 1976.
Bureau de la statistique du Québec.*

La profession

Une région connaît un taux d'inflation de 10% et un taux de chômage de 12%. Que faire pour corriger cette situation? C'est là une des préoccupations de l'économiste.

Lorsqu'un gouvernement se demande s'il doit subventionner l'investissement dans une région ou s'il doit hausser ou baisser les barrières tarifaires, notamment sur les produits textiles, il peut, dans ces cas, avoir recours aux conseils d'économistes qui, par défi nition, sont en mesure de soumettre des esquisses de solutions à des problèmes économiques qui affectent la population. Par exemple, comment élucider les problèmes de la consommation alimentaire?

L'économiste est donc un(e) spécialiste qui étudie la fluctuation des prix, des revenus, des niveaux de production et d'emploi dans la société et aussi, le comportement de l'individu et de la société face à ces phénomènes.

La préoccupation de l'économiste peut être d'ordre micro-économique: les problèmes individuels des gens, leur capacité à se procurer des ressources rares, leur hésitation à acheter tel produit, l'influence des prix sur leurs besoins de consommation, etc. Par ailleurs, l'économiste se penche aussi sur des phénomènes d'envergure, dits macro-économiques, tels que: la rareté du pétrole, les effets du chômage sur l'économie nationale, les conséquences de l'inflation sur les populations.

Pour prévoir le comportement des gens, à plus ou moins longue échéance vis-à-vis tel phénomène économique, par exemple, comment les gens achèteront des maisons, des autos, etc., on fait appel à des économistes. Lorsque le Conseil de la radio et télévision canadienne (CRTC) se demande s'il doit permettre à Bell Canada de hausser les tarifs du téléphone il consulte, entre autres, des économistes...

L'économiste fait des prédictions, il analyse le passé et le présent et entrevoit l'avenir, il utilise des statistiques mais il se sert aussi de son intuition. Il observe les faits, les gens et les choses face à la rareté des biens de consommation, à leur production, à leur circulation, à leur répartition et tout cela en vue du bien-être de la population.

Formation

Le secondaire V, orientation en sciences plus les mathématiques 522-532. Le cégep, option sciences humaines (2 années) et 3 années d'université. Presque toutes les universités donnent la formation d'économiste.

Qualités requises

Esprit d'analyse et de synthèse, sens des responsabilités, beaucoup de jugement, de méthode et de capacité d'abstraction. Il faut aussi de l'aptitude pour les sciences et un intérêt pour les chiffres, sans oublier une attitude sociale positive. L'habileté pour la recherche est aussi essentielle.

Débouchés et salaires

L'économiste travaille en collaboration avec des géographes, des politiciens, des hommes d'affaires, des urbanistes, des politicologues, etc. Il peut travailler pour la Fonction publique, les bureaux d'économistes-conseils, les industries et entreprises privées. Il peut aussi devenir enseignant. Salaires: très variables, dépendant du lieu de travail, de l'expérience et de l'entreprise. Disons: 15 000$ à 30 000$ — 35 000$ et plus...

Éducateur physique

Champs d'action

L'éducation physique est une profession qui s'est beaucoup répandue depuis une vingtaine d'années. Auparavant, les diplômés en éducation physique formés à l'Université d'Ottawa ou dans les universités américaines étaient à peu près les seuls à trouver des emplois dans les collèges classiques de l'époque et dans certaines commissions scolaires. Aujourd'hui, toutes les universités du Québec offrent un programme de formation en éducation physique et les débouchés dans ce domaine sont beaucoup plus nombreux. Les éducateurs physiques travaillent dans les commissions scolaires, les cégeps, les municipalités, les universités et les hôpitaux, sans oublier également les Forces armées. On a recours à leurs services en tant que professeurs d'éducation physique ou d'organisateurs et d'administrateurs de services de loisirs.

Les objectifs poursuivis par l'éducateur physique varient considérablement selon la nature des tâches qui lui sont confiées et le milieu de travail dans lequel il oeuvre.

Dans le milieu scolaire, là où les cours d'éducation physique sont obligatoires dès le primaire, les spécialistes en éducation physique ont le même statut que les professeurs des autres spécialités. Cependant ce statut peut varier dans certains cas, nous a-t-on dit, selon la convention collective...

Certains objectifs poursuivis par l'éducateur physique en milieu scolaire s'inspirent des objectifs du nouveau programme préconisé par le ministère de l'Éducation. Un document à ce sujet est disponible à ce ministère.

En général, ce qui amène les jeunes à choisir la carrière d'éducateur physique, est souvent, le goût du sport, l'habileté dans ce domaine et le désir de communiquer cet intérêt aux autres.

L'éducateur physique planifie des programmes de cours et d'activités physiques, organise des compétitions sportives, initie aux différentes disciplines sportives: ballon volant (volley-ball), gymnastique, ballon panier (basket-ball), ballon à main (handball), soccer, etc. Il enseigne la théorie et la pratique des sports, souligne l'importance de l'activité physique au niveau de la santé et du bien-être des individus.

Les nouveaux programmes d'éducation physique du ministère de l'Éducation mettront l'accent sur le développement de toute la personne autant aux niveaux physique, qu'intellectuel et social. Les cours d'éducation physique comprennent des activités physiques et sportives (gymnastique, athlétisme, sports de saison, sports individuels et collectifs), un programme d'information sur la santé, soulignant la nécessité de l'activité physique, du sommeil et d'une bonne alimentation, des cours portant sur la structure et les fonctions du corps humain et aussi une série d'informations sur les institutions sportives existant dans les municipalités.

L'éducateur physique vise à rendre l'enfant plus autonome et plus conscient de ses capacités physiques. Il l'aidera à développer sa motricité, à maîtriser ses gestes et à acquérir le plaisir de faire du sport. L'objectif premier de l'éducateur physique, c'est donc la santé et le bien-être des individus grâce à une pratique rationnelle des sports basée sur un enseignement qui tient compte du besoin de faire de l'exercice et qui correspond à des données psychologiques, pédagogiques et sociologiques.

Ainsi donc, à partir du primaire, on tâche d'inculquer à l'enfant des habitudes saines qu'il conservera toute sa vie. D'ailleurs, le conditionnement physique est si populaire de nos jours qu'il préoccupe autant les adultes que les enfants, d'où la présence de l'éducateur physique dans les centres de formation des adultes au niveau du cégep, des universités, des centres sportifs, des municipalités, etc.

Formation

Au niveau du secondaire V, il faut avoir terminé les cours suivants: mathématiques 522 ou 532, physique 422 ou 432 et chimie 522 ou 552. Les cours de physique 522 ou 532 et de biologie 422 sont recommandés. Au cégep, l'étudiant doit s'inscrire en sciences de la santé, programme d'une durée de 2 ans et à l'université, il lui faut terminer le baccalauréat, c'est-à-dire 3 autres années d'études. La maîtrise et le doctorat requièrent de 2 à 5 ans de scolarité après le baccalauréat.

La plupart des universités forment des éducateurs en éducation physique. L'U.Q.A.M. et l'U.Q.A.C. offrent un programme auquel on peut être admis sans avoir complété le cours de sciences ou de mathématiques ordinairement requis. L'Université de Sherbrooke accepte des élèves qui n'ont pas terminé le programme complet des sciences de la santé.

La majorité des programmes de formation universitaire en éducation physique ont été considérablement modifiés au cours des dernières années afin de permettre à nos gradués d'intervenir efficacement dans plusieurs secteurs parascolaires, par exemple en milieux municipal, hospitalier et industriel.

La formation de l'éducateur physique exige l'acquisition de connaissances fondamentales dans le domaine des sciences de l'activité physique, notamment dans le domaine de la physiologie de l'effort, de la cinésiologie, de la biomécanique, de la psychomotricité, etc... C'est à partir de cette préoccupation que plusieurs institutions universitaires font la distinction entre le programme de formation en éducation physique et les cours en sciences de l'activité physique.

La formation dispensée par certaines universités, notamment l'U.Q.A.M. et l'U.Q.A.C. n'exigent pas un D.E.C. en sciences de la santé; toutefois, il est nécessaire de posséder les connaissances scientifiques requises pour réussir certains cours. De plus, l'étudiant peut obtenir au terme de ses études, dans la majorité des universités, un permis d'enseigner en milieu scolaire québécois. Les étudiants adultes peuvent aussi être admis à ces programmes de formation initiale. Les conditions d'admission exigent un minimum de cours de niveau collégial ainsi qu'une expérience pertinente dans le domaine de l'activité physique et sportive.

Qualités requises

L'éducateur physique possède de l'endurance physique, une excellente santé, un esprit de décision et d'organisation. Il a de l'intérêt pour la biologie, la psychologie et l'animation. Il est capable de communiquer avec dynamisme les connaissances acquises.

Débouchés et salaires

En principe, les diplômés peuvent travailler dans les commissions scolaires, les centres sportifs, récréatifs et de loisirs. Les hôpitaux psychiatriques, les institutions pénitentiaires, etc. engagent également des éducateurs physiques. Les salaires varient entre 15 000$ et 36 000$ environ. (Échelles en vigueur en 1980-81). Ils peuvent être plus élevés selon l'expérience, les responsabilités et le lieu de travail.

N.B.: Il y a présentement trop de gradués dans cette carrière et les débouchés sont de plus en plus rares. C'est du moins ce qu'affirmait le bulletin d'information sur l'éducation physique québécoise (l'Intracom) No 7, septembre 1981.

Ergothérapeute

Sigle de la Corporation professionnelle des ergothérapeutes du Québec.

Définition de la profession

Voici une profession qui consiste à utiliser scientifiquement des moyens multiples pour venir en aide à l'individu qui rencontre des difficultés de fonctionnement dues à un accident, un handicap, des difficultés de développement ou d'apprentissage. "Ergothérapie" signifie: traitement par le travail et l'activité; l'ergothérapeute utilisera donc principalement des activités et s'intéressera à la valeur thérapeutique de celles-ci pour amener ses clients à progresser vers une plus grande autonomie.

Le travail de l'ergothérapeute

L'ergothérapeute exerce un travail de réadaptation dont les objectifs peuvent être les suivants:

— obtention de l'indépendance dans les activités humaines courantes (alimentation, habillement, déplacement)

— récupération ou maintien des capacités physiques ou mentales du client

— apprentissage de l'utilisation de prothèse, orthèse, fauteuil roulant

— développement moteur, perceptuel et cognitif de l'individu en rapport avec son potentiel d'apprentissage

— amélioration du fonctionnement psycho-social

— prise de conscience et modification du comportement, l'apprentissage de nouveaux comportements et l'expression des affects

— réinsertion sociale.

L'ergothérapeute est amené à travailler au sein d'équipes multidisciplinaires avec des médecins, des psychologues, des infirmières, des travailleurs sociaux, des conseillers en orientation.

Formation

L'ergothérapeute doit avoir suivi avec succès un cours universitaire d'une durée de 3 ans conduisant à l'obtention du baccalauréat spécialisé en ergothérapie. Ce cours de 90 crédits comporte en plus des cours théoriques et pratiques spécifiques à l'ergothérapie et des stages, des connaissances en sciences médicales et en sciences du comportement, ainsi que des notions d'administration et de recherche. Mais pour avoir le droit de porter le titre d'ergothérapeute, une période d'internat d'une durée de 4 mois est ensuite requise par la Corporation professionnelle des ergothérapeutes du Québec dont l'adresse est la suivante: 1500 boul. de Maisonneuve est, pièce 400 (527-9281).

Où se donnent les cours

Le cours d'ergothérapeute se donne dans les universités suivantes.

— École de réadaptation, Université Laval, P.E.P.S., pièce 00257, Québec, G1K 7P4

École de réadaptation, Université de Montréal, 2375, chemin Côte Sainte-Catherine, Montréal, Québec H3T 1A8

— School of Physical and Occupational Therapy, Université McGill, 3654, rue Drummond, Montréal, Québec H3G 1Y6

Avant d'entrer à l'université, il faut avoir fait le cégep en sciences de la santé (2 ans) précédé par le secondaire V avec mathématiques 522, physique 422 et chimie 522.

Il y a possibilité d'obtenir une maîtrise à l'Université McGill.

À l'Université de Montréal, depuis janvier 1979, la maîtrise est offerte et porte le titre de maîtrise en Sciences cliniques.

Exigences et qualités requises

Il ne suffit pas de désirer devenir ergothérapeute, il faut posséder au moins plusieurs des qualités suivantes: empathie, facilité à échanger, à communiquer, goût du travail en équipe, beaucoup de patience, de compréhension et de sang-froid. Il faut aussi de l'intérêt et de l'aptitude pour les sciences et la recherche.

Bref, l'initiative, la créativité, la dextérité et une bonne capacité d'adaptation sont parmi les qualités essentielles pour réussir dans cette carrière.

Débouchés et salaires

Rares sont les professions où les perspectives d'emploi sont aussi bonnes qu'en ergothérapie où la demande est non seulement forte dans les grands centres urbains du Québec, mais aussi en province et à l'étranger.

Les services professionnels offerts par les ergothérapeutes peuvent être dispensés, entre autres, dans les centres hospitaliers de soins aigus, les centres de convalescence, de soins prolongés, d'accueil et de réadaptation, les centres de jour, les écoles, les ateliers pré-professionnels, les centres de santé mentale.

Quelques ergothérapeutes travaillent également dans la communauté, à domicile, au sein des services de santé communautaire, des garderies ou en pratique privée.

Le salaire annuel varie entre 16 206$ et 30 568$ (échelle de 1980).

Expert en sciences comptables

Champs d'action

Voilà un bien grand titre pour désigner le comptable en général, mais nous le faisons à dessein afin de distinguer ensuite le comptable général licencié, le comptable agréé et le comptable en administration industrielle.

Le comptable général licencié (C.G.A.) dont les lettres proviennent de la désignation anglaise "Certified General Accountant" est un expert comptable qui exerce une profession polyvalente. Il peut, dans tous les cas où la loi le permet, signer des rapports de vérification publique. Il détient un permis qui l'autorise à exercer sa profession dans toutes les provinces canadiennes.

Reconnu pour sa versatilité et ses connaissances de tous les aspects de l'entreprise, le C.G.A. est surtout recherché pour occuper des postes d'autorité comme ceux de président, vice-président des finances, directeur général, etc.

Pour le comptable agréé, on emploie les lettres C.A. (Chartered Accountant). Le C.A. travaille surtout en cabinet privé. Il est reconnu par la loi pour signer les rapports du vérificateur.

Pour le comptable en administration industrielle, on aura les lettres R.I.A. (Registered Industrial and Cost Accountant). Comptable en prix de revient, il exerce ordinairement sa profession dans une industrie en aidant à fixer le coût de fabrication ou des services.

Le R.I.A., de comptable en prix de revient est devenu le comptable en management, tout en conservant sa fonction première. On aura tendance à dire C.M.A. au lieu de R.I.A. Cette appellation cependant ne s'applique pas au Québec, mais elle vaut pour les autres parties du Canada.

Le changement de désignation professionnelle de R.I.A. à C.M.A. (comptable en management accrédité — Certified Management Accountant) a été effectué au cours de l'année 1977.

Le comptable peut être en charge de la tenue des livres, la tenue des comptes d'une entreprise. Il est appelé à faire la préparation de l'état financier, l'analyse budgétaire et la gestion de trésorerie pour des industries, des commerces, des cabinets de médecins et autres.

Le comptable est parfois vérificateur de livres pour divers ministères ou des institutions bancaires; il évalue des méthodes de contrôle des finances, il peut même être analyste de systèmes et responsable du traitement des données d'informations comptables.

Par sa formation humaine et spécialisée, le comptable est apte à occuper des postes d'administrateur. Il peut faire des prévisions budgétaires, par exemple dans un hôpital où il faut coordonner les budgets en fonction de la production et des investissements en matériel, en personnel et en salaires.

Le comptable supervise le travail des commis de bureau, il est conseiller en matière fiscale (impôts), il peut aussi donner des informations sur la taxe de vente, la caisse de retraite, la préparation des rapports à l'intention d'organismes gouvernementaux, etc.

Formation

Il est conseillé d'avoir complété le secondaire V avec mathématiques 522 ou 532 et le collégial général, option sciences de l'administration avant de faire 3 années d'études universitaires option sciences comptables. Certains étudiants qui ont plus de 25 ans d'âge, de l'expérience sur le marché du travail et qui ont terminé au moins le cours secondaire, peuvent être acceptés en comptabilité à l'université après étude de leur dossier scolaire et de leur curriculum vitae. Les finissants du cégep professionnel, option techniques et administration, finances (ou autre option similaire) peuvent aussi être acceptés si le comité de sélection de l'institution où ils s'inscrivent le juge à propos. La plupart des universités anglaises et françaises du Québec donnent des cours du soir, mais il vaut toujours mieux vérifier auprès des institutions afin de connaître leurs programmes.

Le candidat désireux d'entreprendre des études pour devenir comptable professionnel peut s'inscrire soit, à l'Université du Québec, à l'École des hautes études commerciales, à l'Université Concordia, à l'Université McGill ou à l'université Laval. Le candidat doit aussi s'inscrire à l'une des trois corporations officielles de comptables.

Par exemple, l'étudiant qui veut devenir C.A. doit donc être accepté par l'Ordre des comptables agréés. Pour les comptables C.G.A., il y a la Corporation professionnelle des comptables généraux licenciés.

Quant aux C.M.A., il y a la Corporation professionnelle des comptables en administration industrielle du Québec.

Les études ne suffisent donc pas pour exercer cette profession. En effet, il y a des stages d'expérience pratique de 2 ans exigés par les 3 corporations pour pouvoir obtenir le permis. De plus, il faut réussir les examens de la corporation professionnelle choisie. Le nombre peut varier de 3 à 4 examens selon la corporation de comptables. Ces examens sont de niveau national, c'est-à-dire qu'ils sont uniformes et se donnent au même moment dans plusieurs centres du Canada.

Exigences et qualités requises

La comptabilité comprend des éléments techniques précis; d'où la nécessité pour les experts en sciences comptables d'avoir le sens de l'observation et le souci de l'ordre. L'initiative, la discrétion sont des qualités désirables chez un futur comptable. Il faut aussi savoir bien écrire son français ou son anglais afin de pouvoir présenter des rapports bien faits et correctement rédigés. Le bilinguisme est utile. Le côté sociable n'est pas superflu à cause des nombreux contacts humains dans cette profession. L'esprit de travail est nécessaire car le "grand" comptable, l'administrateur, n'est pas un travailleur de 9 h à 17 h.

Débouchés

Les débouchés sont bons. Il y a de la place en comptabilité pour les hommes et les femmes sans distinction. Les diplômés peuvent travailler dans des entreprises commerciales, des industries, des banques, dans la Fonction publique (les ministères), etc.

Pour obtenir des renseignements additionnels ou recevoir le programme de formation de la Corporation professionnelle des C.G.A. du Québec, on doit s'adresser à la:

Direction de la formation
Corporation professionnelle des C.G.A.
du Québec
152, rue Notre-Dame est, 3e étage
Montréal (Québec) H2Y 3P6
tél.: (514) 861-1823

Géographe

Un groupe de géographes au Mont Jacques Cartier.

Un peu d'histoire

Dans les années 40, il était plus facile qu'aujourd'hui de décrire le géographe car à l'époque, on disait tout simplement que c'était un homme ou une femme qui se donnait pour mission de parcourir à pied des territoires, de faire connaître les espaces habités et de les inventorier. On faisait l'expérience concrète des milieux explorés.

Le célèbre Raoul Blanchard fut sans doute un modèle de ce type de géographe lorsque, dès avant la guerre de 39, il parcourut le Québec et y recueillit des informations sur la plupart des régions. Il y eut aussi Pierre Dagenais et Benoît Brouillette et plus tard, M. Louis Edmond Hamelin, l'actuel recteur de l'Université du Québec à Trois-Rivières, pour ne nommer que ceux-là... À cette époque et jusqu'aux années 60 environ, on observait l'homme et son territoire, on reconstituait l'évolution du relief (montagnes, vallées, etc.) et l'on faisait une synthèse des renseignements ainsi amassés afin de rendre compte de l'adaptation de l'homme à son milieu.

On faisait de la géographie globale physique et humaine et ce à partir de la géologie et de l'évolution de la végétation, du sol et du climat.

On s'intéressait aussi au développement des industries d'une région, mais on se contentait de les décrire et de les comparer de façon globale avec les industries d'une autre région. Par exemple, on comparait les industries de la Gaspésie avec celles de l'Abitibi, etc.

Cette conception globaliste de la géographie, qui découlait de la crise des années 30 et de la Seconde Guerre mondiale allait peu à peu se transformer en une préoccupation d'aménagement territorial suite à l'obligation de reconstruire, d'une façon inégale selon les régions, les villes et les villages détruits par les bombardements dans le monde.

Cette nouvelle préoccupation fut poussée jusqu'aux recherches universitaires. Avec les années 60, naîtront les grandes planifications d'aménagement des territoires. C'est à partir de cette époque qu'on s'efforça de former des gens capables d'intervenir dans l'analyse concrète des problèmes urbains régionaux, de sorte qu'on peut maintenant affirmer que les préoccupations modernes des géographes se situent, entre autres, sur le plan de la hiérarchie des villes et de leur rayonnement à l'intérieur des 10 régions administratives du Québec.

Qu'est-ce qu'un géographe aujourd'hui...

Aujourd'hui on est préoccupé par la structuration de l'espace, du développement des banlieues et des autoroutes qui les relient, de la spéculation foncière, du zonage agricole, etc.

La notion de la géographie a donc évolué; elle est passée de la description et de l'adaptation de l'homme aux régions à l'étude de de l'organisation de l'espace vital pour l'homme vivant dans son milieu. On a changé d'optique, on a créé des outils, des techniques d'analyse et l'enseignement de la géographie s'est transformé: il est devenu moins littéraire et plus technique qu'autrefois.

Plus spécialisée, la géographie fait maintenant une plus grande distinction entre géographie physique et géographie humaine. Entendons par géographie physique, celle qui s'intéresse aux formes, aux reliefs. Par exemple, dans l'étude des inondations relatives aux mouvements saisonniers des eaux, qui se mettent tout à coup à occuper le lit majeur de la rivière, on fabrique des cartes géographiques qui laissent apparaître l'extension réelle de ce qu'on appelle le lit majeur d'une rivière (le lit qui déborde le lit ordinaire de la rivière). Ou quand il s'agit d'établir un système d'égouts dans un village, il faut connaître la nature du relief et connaître la composition du sol avant de procéder aux travaux. En géographie physique, on utilise non seulement des cartes mais aussi des photographies aériennes qui permettent de localiser des problèmes sur le territoire. On a également recours parfois aux images fournies par les satellites. En microclimatologie, on mesure les effets climatiques sous de petites portions de l'espace. En palynologie, on utilise les pollens pour reconstituer les évolutions climatiques et végétales du passé. En géographie humaine, on étudie comment l'homme répartit ses activités et quel type d'espace il utilise; les problèmes d'exurbanisation, le retour à la terre, le cadre de vie, etc.

Formation

Secondaire V plus le cégep, option sciences humaines avec mathématiques, géographie et histoire. L'Université de Sherbrooke et l'UQAM n'exigent pas de prérequis obligatoires. Le cours de géographie se donne dans toutes les universités du Québec et il dure 3 ans pour un baccalauréat. On obtient une maîtrise avec deux années supplémentaires durant lesquelles l'étudiant peut travailler, étudier et préparer sa thèse. Pour un doctorat, il faut ajouter 3 à 4 ans de plus après la maîtrise.

Qualités requises

De la curiosité intellectuelle, une préoccupation humaine, un esprit de précision et de recherche, la capacité de se servir d'ordinateurs, de faire du laboratoire, le souci du travail bien fait, le sens de l'organisation et une bonne santé.

Débouchés et salaires

L'enseignement de la géographie est accessible en principe à celui ou à celle qui a une majeure en géographie et une mineure en pédagogie. L'enseignement au cégep ou à l'université requiert autant que possible une maîtrise et/ou un doctorat. Il y a des géographes qui travaillent pour la Fonction publique, pour la Commission de toponymie du Québec. De plus en plus, la Fonction publique exige qu'on réussisse un concours pour des postes spécialisés. Il y a aussi des géographes dans les sciences d'urbanisme; ils dressent des inventaires bio-physiques ou ils sont engagés comme agents de planification socio-économique. Les salaires varient entre 15 000$ et 35 000$ et plus en général selon les postes et l'expérience requise.

Ingénieur du génie rural

La profession

L'ingénieur du génie rural s'occupe entre autres de la conception de bâtiments de ferme.

Depuis une quinzaine d'années, l'agriculture a subi des transformations et entraîné de si nombreux problèmes, particulièrement au Québec, qu'elle requiert de plus en plus de connaissances en génie rural.

Qui dit génie, dit ingénieur et le mot rural a pour signification ce qui concerne les champs, la campagne. Le génie rural, c'est donc: "L'application de la science et de l'art du génie à la solution des problèmes physiques et techniques de l'agriculture et des industries connexes. Ainsi, dans le domaine des sols, alors que l'agronome s'occupe des aspects biologiques, l'ingénieur du génie rural s'occupe plus particulièrement des aspects drainage, irrigation et contrôle de l'érosion.

"Le rôle de l'ingénieur du génie rural et celui de l'agronome sont donc complémentaires et tous deux sont très importants pour le succès de l'agriculture moderne, tout comme chimistes et ingénieurs-chimistes sont indispensables à l'industrie des produits chimiques et tout comme géologues, minéralogistes et ingénieurs-miniers se complètent pour développer l'industrie minière.

"Agronomes et ingénieurs du génie rural ont la chance de coopérer grâce à des rencontres, des échanges d'idées et du travail d'équipe."

(Extraits d'un documentaire préparé par le Département de génie rural de la Faculté d'agriculture de l'université Laval de Québec).

Formation

Aux États-Unis, le génie rural est enseigné dans 59 universités et le nombre d'ingénieurs du génie rural atteint 8000. Au Canada, il y en a environ 600, et plus de 8 universités canadiennes enseignent cette spécialité. Au Québec, l'université Laval depuis 1962 et le collège MacDonald (Sainte-Anne-de-Bellevue, près de Montréal) depuis 1966 ont un programme d'études en génie rural.

On exige le secondaire V avec de fortes notes en sciences et le cégep option sciences pures et appliquées.

À l'université, l'étudiant en génie rural reçoit une formation dans 5 disciplines différentes, donnant un total de 126 crédits répartis en 8 trimestres, soit 4 ans (programme du 1er cycle, baccalauréat). De ces 126 crédits, 93 sont obligatoires, 27 sont à option et 6 au choix. Pour ceux qui l'ignoraient, un crédit correspond habituellement à 15 heures de cours ou de laboratoire dans une matière.

L'étudiant reçoit une formation obligatoire:

   a) en sciences de base: mathématiques, mécanique, sciences
      graphiques, etc.

b) en génie de base: éléments de machines, thermodynamique appliquée, résistances des constructions, électrotechnique, etc.

c) en agriculture: science du sol, science des plantes, climatologie, etc.

d) en génie rural: hydrodynamique des sols agricoles, machines agricoles, tracteurs et systèmes hydrauliques, électrification rurale, constructions rurales, génie alimentaire etc.

Les crédits de cours à option (27) sont choisis parmi 80 crédits portant sur le génie, l'agronomie et l'économie. Au niveau du 2e cycle universitaire, l'étudiant choisit l'une ou l'autre des 5 possibilités de spécialisation du génie rural (voir plus loin).

Exigences et qualités requises

Capacité de faire des études scientifiques de niveau universitaire, donc des aptitudes intellectuelles supérieures à la moyenne, du goût et des aptitudes pour les mathématiques et la physique. Une bonne capacité de concentration, beaucoup de détermination. Bonne perception spatiale, sens de l'observation, goût de la recherche et du concret. Sens des responsabilités, esprit d'initiative et de méthode, intérêt pour le plein air et les sciences naturelles, sens pratique et persévérance.

Débouchés et salaires

Le finissant en génie rural peut travailler dans les domaines suivants: les constructions rurales pour concevoir des plans de bâtiments de ferme modernes et hygiéniques et assurer le contrôle de l'environnement en combattant la pollution; le machinisme agricole pour concevoir et dessiner, développer, construire, vendre ou entretenir les machines agricoles; l'hydraulique agricole pour l'irrigation, le drainage et le contrôle de l'érosion des sols, la confection de canaux, la construction d'étangs, etc; l'électrification rurale, l'utilisation de l'électronique appliquée à la ferme, les servomécanismes de contrôle, les systèmes automatiques de manutention et le rayonnement; la manutention et le traitement des produits agricoles pour la transformation des produits sur la ferme et dans l'industrie.

Bref, face à ces différentes spécialités du génie rural, l'étudiant se trouve devant un vaste choix de possibilités d'emplois: vulgarisation, développement, enseignement, recherche, organisation, administration et autres. Le bachelier en génie rural peut adhérer à deux ordres professionnels: l'Ordre des agronomes de la province de Québec et l'Ordre des ingénieurs du Québec.

Dans les années 1980-81, les salaires variaient de 14 000$ à 35 000$ et plus selon les années d'expérience et l'endroit de travail.

Ingénieur minier et métallurgiste

La profession

Tout le monde sait qu'à l'intérieur de la terre se trouvent des corps inorganiques: les minéraux. Lorsqu'on les extrait du sol, ils sont mélangés à diverses substances et ils forment ce qu'on appelle le minerai. Selon la région et la nature du sol, le minerai peut contenir des métaux précieux comme l'or, le cuivre, l'argent, le platine, etc. Mais pour aller chercher ce minerai, il faut non seulement repérer l'emplacement minier, mais aussi préparer des plans d'extraction et inventer des procédés de concentration pour assurer la séparation et la récupération sous forme de concentré. Il faut aussi extraire par voies chimiques de mise en solution, les valeurs contenues dans le minerai. C'est ainsi, par exemple qu'on extrait de l'or ou de l'argent par cyanuration. Il faut donc des ingénieurs miniers, c'est-à-dire des hommes ou des femmes rompus aux sciences et aux techniques modernes de transformation du minerai. C'est à eux que l'on fait appel pour diriger la construction de puits et de couloirs souterrains qui vont permettre aux ouvriers et aux techniciens de procéder à l'abattage du minerai (par le forage et le dynamitage, entre autres). Outre les voies d'accès au minerai, il faut aussi prévoir l'approvisionnement en eau et en énergie, de même que le drainage, l'aérage et l'installation de voies ferrées et des chariots convoyeurs qui assurent le transport du minerai. L'ingénieur minier planifie, coordonne l'utilisation de la main-d'oeuvre et des installations. C'est lui qui prépare aussi des estimations budgétaires d'implantation et d'exploitation, qui contrôle les dépenses de production lors de l'ouverture de la mine, etc.

Formation

Voici les étapes à franchir avant de commencer l'une ou l'autre de ces carrières: secondaire V avec sciences (mathématiques 522 ou 532, physique 422 ou 432, chimie du secondaire V), 2 ans de cégep, option sciences pures et appliquées et 4 ans d'université en génie minier ou en génie métallurgique.

Qualités requises

Pour devenir ingénieur minier ou métallurgiste, il faut avoir le goût de la recherche, de l'invention, posséder une intelligence supérieure et être doué pour les sciences. De plus, il faut être prêt à travailler dans les régions éloignées et disposé à vivre la vie communautaire qu'offrent les villages miniers.

Débouchés et salaires

Le Québec et le Canada ont un grand besoin d'ingénieurs miniers; les débouchés sont donc très bons. Faute de diplômés canadiens, les compagnies minières sont obligées d'aller chercher leurs spécialistes en Europe. Le salaire moyen de cette catégorie d'ingénieurs se situait en 1980-81 aux environs de 43 000$.

Pour autres informations, contacter les universités du Québec (Laval, McGill, l'École polytechnique de Montréal) ou l'Institut canadien des mines et de métallurgie, 1130, rue Sherbrooke ouest, Montréal, tél.: 514-842-3461.

Inhalothérapeute

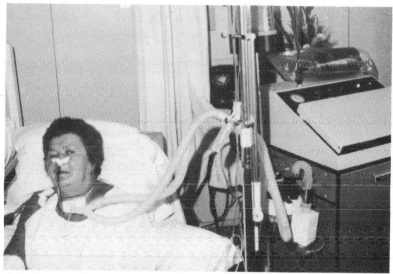

Personne respirant au moyen d'appareils volumétriques munis d'équipement de sevrage de la respiration artificielle à la respiration normale.
Documentation La Presse, 6 juillet 1977.

La profession

La respiration chez les êtres vivants est primordiale et son arrêt, même momentané, occasionne rapidement des séquelles cérébrales qui peuvent provoquer la mort d'une personne en moins de 4 minutes.

Il est donc urgent dans les cas d'arrêt du coeur qu'une personne expérimentée dans la technique de réanimation puisse agir vite. C'est le rôle de l'inhalothérapeute d'aider les malades à retrouver leur souffle.

"Inhaler" veut dire souffler dans; en langage médical, cela signifie faire entrer dans les voies respiratoires certaines vapeurs qui guérissent (vapeurs thérapeutiques) à l'aide de techniques spéciales.

L'inhalothérapeute, c'est donc l'homme ou la femme qui, sous ordonnance médicale, assume l'exécution d'un ensemble de techniques qui ont pour objet le traitement des troubles respiratoires. C'est un spécialiste qui travaille étroitement avec l'anesthésiste et qui collabore avec d'autres spécialistes dans l'application des différentes techniques d'inhalothérapie.

Ces techniques peuvent être: l'aérosolthérapie, l'oxygénothérapie, l'humidification sous toutes ses formes, la respiration artificielle prolongée, la réanimation cardio-respiratoire, les soins de trachéotomie, les aspirations bronchiques, les drainages pleuraux, la rééducation respiratoire, les épreuves diagnostiques de la fonction respiratoire, etc.

L'inhalothérapeute est responsable de la manipulation des appareils utilisés dans son travail et il voit à la distribution et au bon fonctionnement de tout le matériel servant à l'inhalothérapie. Il peut aussi participer à l'enseignement des techniques propres à l'inhalothérapie.

Formation

Le secondaire V avec mathématiques 522 ou 532; physique 422 ou 432 (522 serait un meilleur choix); la chimie 522 ou 532 et si possible la biologie 412; 3 ans de cégep, option techniques d'inhalothérapie et d'anesthésie dans l'un des cégeps suivants: Chicoutimi, Ste-Foy, Sherbrooke, Vanier et Rosemont.

Exigences et qualités requises

Le sens de la responsabilité et l'esprit d'équipe sont des qualités primordiales pour l'inhalothérapeute qui travaille pour ainsi dire continuellement avec une équipe médicale: médecins, anesthésistes, chirurgiens, infirmières, etc. Il faut de la dextérité et beaucoup de précision pour manipuler des appareils qui ont parfois un aspect technologique complexe.

Le sens de l'humain et un caractère sociable de même que le goût de soulager les gens sont des qualités souhaitables chez l'inhalothérapeute. L'attention et le sens de l'observation sont des qualités précieuses dans cette profession: en effet, il n'y a pas lieu d'être distrait lorsqu'on tourne le bouton du cadran d'un appareil administrant de l'oxygène à un patient à moitié mort. La maturité et le souci de perfection sont donc essentiels.

Débouchés et salaires

Les hôpitaux, les cliniques, les institutions de santé de tous genres, le service à domicile, les centres de recherche constituent les principaux débouchés de l'inhalothérapeute.

En 1980, les salaires dans cette profession étaient de 325,05$ par semaine pour un débutant et de 459,80$ après 12 ans d'expérience. En 1982, ils seraient montés respectivement à 344,75$ et 488,60$ par semaine, soit 17 927$ annuellement pour un débutant et 35 407$ après 12 ans d'expérience.

L'inhalothérapie au Québec

L'hôpital Maisonneuve de Rosemont à Montréal est l'un des hôpitaux les mieux dotés au point de vue des services d'inhalothérapie. En 1977, cette institution comptait dans son personnel environ une soixantaine d'inhalothérapeutes dont 40 étaient permanents et 20 occasionnels.

Mathématicien

Plan de la variable z

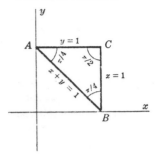

Plan de la variable w

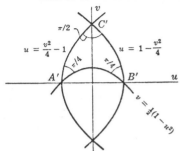

Champs d'action

Tout le monde connaît le jongleur de cirque qui déride le stade par ses mille tours d'acrobatie, mais bien peu connaissent le jongleur de chiffres, le mathématicien qui joue avec les opérations mathématiques les plus complexes.

Le mathématicien peut se contenter de faire de la recherche pure, il peut aussi appliquer les principes mathématiques à la physique, à la statistique, à l'administration, à l'informatique et à d'autres sciences.

Plusieurs mathématiciens férus de recherche élaborent des constructions mathématiques, découvrent de nouveaux principes et par voie de développement logique d'un système, ils élaborent des raisonnements abstraits pour de nouveaux systèmes mathématiques. Ces chercheurs sont préoccupés d'améliorer les théories et les techniques mathématiques à partir des opérations mathématiques de base.

D'autres mathématiciens préfèrent travailler à appliquer les mathématiques à la réalité quotidienne; ils tentent de résoudre les problèmes qui se posent dans les domaines scientifiques du génie, de l'économique, de l'électronique, de l'énergie nucléaire, sans oublier l'actuariat et le monde de l'informatique et des ordinateurs.

La plupart des sciences humaines ont recours aux mathématiques; en psychologie, on s'en sert pour établir des courbes d'évolution; les statistiques seraient inconcevables sans elles; en administration, les mathématiques sont utiles dans l'usage des calculatrices électroniques, etc.

Formation

Le secondaire V avec d'excellents résultats en sciences, suivi de 2 ans de cégep, option sciences pures et appliquées (D.E.C.) et 3 ans (minimum) à la Faculté des sciences de la plupart des universités du Québec et même du Canada. Possibilité d'obtenir les 3 grades universitaires: baccalauréat, maîtrise et doctorat.

Exigences et qualités requises

Un bon raisonnement logique et une grande capacité d'abstraction sont des qualités absolument essentielles pour réussir en mathématiques. Il faut de plus une forte capacité de concentration et de la curiosité intellectuelle; il faut être apte à manipuler des concepts abstraits à travers mille opérations chiffrées... C'est de la "haute voltige" intellectuelle.

Débouchés et salaires

Même si la demande de mathématiciens en tant que telle est relativement moyenne, les champs d'activité sont très variés pour le diplômé qui sait regarder et faire preuve d'initiative.

On trouve des mathématiciens qui travaillent avec des ingénieurs; d'autres font de la recherche ou de l'enseignement; au moins 30% des mathématiciens deviennent professeurs à divers niveaux: secondaire, collégial et universitaire. Plusieurs sont dans la gestion, l'administration, les services et deviennent des conseillers recherchés. Quelques-uns travaillent en industrie ou pour des compagnies d'assurances, comme actuaires, statisticiens, etc. Il y en a même en sciences naturelles.

Bien entendu les salaires varient infiniment selon l'endroit où le mathématicien travaille, mais on peut risquer un chiffre entre

15 000$ et 40 000$ ou plus... selon les responsabilités et l'expérience du spécialiste.

Là comme ailleurs, les salaires connaissent de légères augmentations chaque année.

Médecin chirurgien

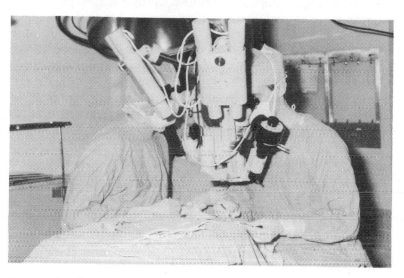

La profession

Il y a 10 ans, 75% des finissants en médecine poursuivaient leurs études dans une spécialité. Aujourd'hui, il paraît que c'est plutôt le contraire et la majorité des étudiants ont tendance à choisir la médecine générale. Pourtant, il faudra toujours des spécialistes.

Parlons plus particulièrement des chirurgiens. Pour définir brièvement le chirurgien, disons simplement que c'est celui qui pratique des opérations sur diverses parties du corps.

Il y a plusieurs spécialités en chirurgie. En effet, on y trouve par exemple, le neuro-chirurgien (qui opère dans le cerveau et la moelle épinière), le chirurgien en ophtalmologie (qui opère les yeux), le chirurgien en oto-rhino-laryngologie (qui s'occupe notamment des cas de cancer du nez, de la gorge ou des oreilles), le chirurgien en gynécologie (qui s'occupe de toutes autres interventions chirurgicales concernant les organes génitaux de la femme), le chirurgien orthopédiste (qui se spécialise dans les opérations des os), le chirurgien en esthétique (qui corrige les défauts des seins, de la figure, du nez, etc.)

Formation

Les chirurgiens doivent suivre un cours de médecine générale de 4 années, faire un an d'internat et consacrer 4, 5 et parfois 6 autres années d'études avec stages, à se spécialiser. C'est donc dire qu'après le cégep option sciences de la santé, il faut compter encore au moins 10 ans d'études avant de devenir chirurgien. La chirurgie exige des aptitudes en chimie, physique, biologie et mathématiques. Un chirurgien commence rarement sa carrière avant l'âge de 28 ou 30 ans. Il doit avoir réussi les examens et obtenu un certificat reconnu par le Québec pour exercer sa profession.

Exigences et qualités requises

De la précision dans les gestes et une bonne coordination visuomotrice sont essentielles dans cette profession. Il faut aussi être capable d'établir un bon contact avec les gens, avoir des nerfs solides, du calme, la maîtrise de soi, beaucoup de discernement (jugement), de la compréhension, de la discipline personnelle et une excellente santé (puisque les opérations durent parfois 5 ou 6 heures).

Le chirurgien doit surtout être honnête et consciencieux. S'il constate qu'il s'est trompé dans un diagnostic, il doit avoir assez d'humilité pour accepter la réalité. Le chirurgien (tout comme son conjoint) ne doit pas s'attendre à mener une vie absolument régulière. Il y a dans cette carrière de l'inédit, de l'imprévu et les horaires de travail ne sont pas toujours prévisibles.

Enfin, le chirurgien doit aussi être un "enragé" de l'étude pour se tenir à jour au niveau du progrès de la science. Le médecin chirurgien est un étudiant permanent.

Débouchés et honoraires

L'avenir en chirurgie n'est pas si facile qu'on pourrait le penser. Ce n'est pas parce qu'on est chirurgien diplômé qu'on va trouver de l'emploi près de chez soi, le lendemain de sa promotion. Il faut chercher du travail et parfois devoir s'exiler loin dans le Québec. La carrière n'est pas saturée, mais il ne faut pas non plus se faire d'illusions.

Certains chirurgiens gagnent plus de 100 000$ par année, mais la moyenne des revenus-honoraires de ces spécialistes se situe entre 70 000$ et 80 000$ par année.

Ces revenus cependant ne sont pas nets car le spécialiste doit assumer les frais de bureau et de secrétariat et payer pour une assurance-maladie, une assurance-salaire et un fonds de retraite, sans oublier les impôts (toujours très élevés chez ceux qui gagnent beaucoup).

Médecin omnipraticien

Le rôle du médecin omnipraticien au Québec

L'omnipraticien, c'est le médecin de médecine générale communément appelé le médecin de famille. On l'appelle aussi le médecin de 1re ligne parce qu'il exerce la médecine à tous les niveaux de soins.

Contrairement à ce qui se passe en Europe où l'omnipraticien est presque exclusivement confiné à son cabinet de médecin ou à ses visites à domicile, le médecin en Amérique du Nord et particulièrement au Québec pratique la médecine générale à des endroits extrêmement variés.

Ces endroits sont appelés des niveaux de soins et parmi eux on retrouve le cabinet privé de médecine, c'est-à-dire le bureau où l'omnipraticien reçoit des patients. Ce peut être dans sa propre résidence, dans une clinique ou dans une polyclinique.

On affirme que près de la moitié de tous les médecins omnipraticiens du Québec pratiquent dans les polycliniques. (Il y a environ 4000 médecins omnipraticiens au Québec). Les médecins exercent aussi leur profession au domicile des patients. C'est plus rare qu'autrefois, mais pourtant, dans une seule année au Québec, il se fait pas loin de 3/4 de million de visites à domicile par les médecins.

Il y a aussi les hôpitaux à soins aigus, surtout l'urgence, qui accaparent beaucoup d'omnipraticiens, sauf dans quelques hôpitaux universitaires où ce sont les médecins résidents (médecins en stage d'étude) qui font le service.

À l'hôpital, outre l'urgence, l'omnipraticien travaille aux consultations externes; il fait aussi de l'obstétrique, de l'anesthésie et de l'assistance chirurgicale en salle d'opération auprès des spécialistes chirurgiens.

Enfin, à cette liste de niveaux de soins, il faut en ajouter d'autres comme les centres hospitaliers de soins prolongés, les centres d'accueil, les C.L.S.C., les entreprises (industries, manufactures) où se développe de nos jours la médecine du travail. Les hôpitaux psychiatriques et les départements de santé communautaire de certains hôpitaux sont aussi des lieux d'exercice de la médecine générale.

Après avoir énuméré les endroits où travaillent les omnipraticiens, voyons maintenant quels genres de pratique médicale ils peuvent accomplir à tous ces niveaux de soins.

Pas moins de 9 champs d'activité médicale s'offrent à l'omnipraticien. Il y a d'abord la médecine pour adultes, un secteur où plus de 98,1% des médecins de médecine générale travaillent. Il y a la gériatrie (médecine pour les personnes âgées) qui occupe plus de 96,6% des médecins; la pédiatrie (médecine pour enfants), 86,6%; les soins d'urgence, 82,3%; la chirurgie mineure (petites opérations), 68,3% l'obstétrique (science des accouchements), 56,9%; la médecine du travail, 29,1%; l'assistance chirurgicale, 12,5%; l'anesthésie, 4,4%. Ce sont là les différents champs d'activité médicale du médecin omnipraticien à plein temps en pratique privée au Québec en 1977. (Source: Mathematica Policy Research Inc. 1977).

Formation

Un futur médecin doit avoir un secondaire V avec le plus de sciences possibles et 2 années de cégep, option sciences de la santé. Ensuite, il est recommandé de faire une année prémédicale en sciences (physique, chimie, biologie) dans une université, afin d'avoir plus de facilité à être accepté en médecine proprement dite. Le cours de médecine est partout d'une durée de 4 ans, sauf à Montréal où il est de 5 ans.

En plus de ces années d'études, il faut compter un an d'internat, c'est-à-dire de pratique et d'observation dans un hôpital. Au Québec, les universités de Montréal, McGill, Laval et Sherbrooke décernent des doctorats en médecine.

Une fois diplômé, le jeune médecin obtient un permis de la Corporation professionnelle des médecins du Québec qui lui donne le droit de pratiquer. Il est important de retenir que la formation des médecins doit se continuer toute leur vie. Les médecins suivent en moyenne 50 heures de cours par année. Il s'agit de cours de perfectionnement donnés dans diverses régions soit dans un hôpital ou un hôtel et qui portent sur des sujets aussi variés que les soins d'urgence, la gériatrie, la médecine du travail, etc.

Exigences et qualités requises

Pour être médecin, il faut un grand amour de l'étude et des gens, une intelligence supérieure, de la persévérance et de l'humanité. Capacité de travail au-dessus de la moyenne, sens de la communication, psychologie, compétence, santé et désir constant de se perfectionner, voilà encore des qualités essentielles pour le médecin. La charge de travail d'un médecin est en moyenne de 56,4 heures par semaine.

Débouchés et honoraires

Il y a surtout des débouchés dans les régions périphériques du Québec: Côte Nord, Gaspésie, Abitibi. Sans être complètement saturée, cette profession offre des possibilités de travail limitées et cela se comprend quand on sait que depuis 1970, on a doublé le nombre de médecins omnipraticiens au Québec, alors que la population, elle, n'a pas doublé.

Les médecins à honoraires fixes, ceux qui reçoivent un traitement annuel pour une semaine de 35 heures gagnent de 35 000$ à 40 000$ environ, plus les avantages sociaux.

Quant aux médecins rémunérés à l'acte, ils gagnent en moyenne 55 000$ à 60 000$ (revenu brut). (Ces sources ont été obtenues en 1980). Ce revenu peut évidemment varier selon les années.

Médecin vétérinaire

Importance de la profession

Quand on songe que des animaux malades peuvent transmettre à l'homme des maladies telles que l'actinomycose, l'anthrax, la rage, le mal de gorge septique, la tuberculose bovine, la tularémie, la fièvre ondulante et bien d'autres... on admet aisément l'importance du vétérinaire qui sauve indirectement des vies humaines en soignant les animaux.

Le vétérinaire a donc un rôle, non seulement curatif, mais préventif dans l'inspection des viandes, du lait, et des conditions d'hygiène pour la naissance, l'alimentation, le soin et l'élevage des animaux évitant ainsi à la société de graves épidémies.

Le travail

Par l'observation des symptômes et à l'aide d'épreuves scientifiques de laboratoire, de radiographies et d'examens divers, le vétérinaire tente de dépister les causes de maladie chez les animaux petits ou grands. C'est le diagnostic.

Par des remèdes, des vaccins, des injections diverses et parfois même la chirurgie, le vétérinaire assure la guérison de l'animal.

Enfin par des conseils appropriés de bonne alimentation et de soins variés à apporter aux animaux malades, le vétérinaire joue un rôle de prévention. À l'occasion, le vétérinaire peut être appelé à pratiquer l'autopsie chez un animal mort. Voilà de façon très générale les tâches du vétérinaire qui se résument en 3 mots: diagnostiquer, guérir et prévenir la maladie chez les animaux.

Formation

D'abord un solide cours secondaire avec des sciences: chimie, physique, mathématiques et biologie jusqu'au secondaire V. Ensuite 2 ans de cégep, option sciences de la santé, suivis par 4 années de cours universitaire à l'École de médecine vétérinaire du Québec à Saint-Hyacinthe.

Cette école est intégrée à l'Université de Montréal depuis 1969 avec le statut de faculté. Le cours de médecine vétérinaire est couronné par le doctorat qui donne droit au titre de docteur, c'est-à-dire de médecin vétérinaire.

La Faculté de médecine vétérinaire prépare les étudiants aux grades suivants:

1) Doctorat en médecine vétérinaire (D.M.V.)
2) Maîtrise ès sciences (M.Sc.)
3) Diplôme d'internat de perfectionnement en sciences appliquées vétérinaires (I.P.S.A.V.)
4) Diplôme en médecine vétérinaire préventive (D.M.V.P)

Exigences et qualités requises

Une excellente santé et une bonne résistance physique sont évidemment des qualités de base pour entrer dans cette profession qui place celui qui l'exerce dans la situation de soulever, à l'occasion, des poids. Il faut aussi avoir le sens de l'observation, de la dextérité, en plus naturellement d'avoir une intelligence supérieure pour réussir de longues études. L'amour des animaux est aussi essentiel pour se diriger vers cette carrière.

Débouchés et salaires

Les débouchés sont constants, le vétérinaire n'est point exposé au chômage. Il a sa place dans les hôpitaux d'animaux, privés ou publics, les cliniques, les laboratoires, les abattoirs, les industries de produits laitiers, etc. Le vétérinaire peut travailler à son compte, avoir son propre hôpital ou sa propre pension d'animaux, mais il peut aussi travailler pour les entreprises commerciales qui fabriquent des produits alimentaires ou pharmaceutiques, pour des entreprises gouvernementales, pour l'inspection sanitaire des viandes, etc. Il y a aussi des vétérinaires qui se dirigent vers l'enseignement.

Le salaire moyen du vétérinaire en pratique privée se situe aux environs de 45 000$. Ceux qui travaillent pour des organismes municipaux ou gouvernementaux peuvent, selon les cas, gagner de 20 000$ à 35 000$.

Cette échelle de salaires est évidemment susceptible de changer périodiquement.

Météorologiste

Ce que fait le météorologiste

Fera-t-il beau aujourd'hui et quel temps fera-t-il demain? Voilà une question que tout le monde se pose couramment, mais à laquelle seul le météorologiste peut répondre scientifiquement.

Une lecture autodidacte dans des volumes savants sur la météorologie ne suffirait pas à faire d'un homme ou d'une femme un météorologiste. Il faut beaucoup plus que cela.

La plupart des gens imaginent le météorologiste comme étant celui qui présente les prévisions de la météo, mais en réalité, son rôle consiste beaucoup plus à les préparer qu'à les présenter. C'est ainsi par exemple qu'avec l'aide d'une foule de techniciens, d'instruments divers, d'images satellites, etc., le météorologiste en arrive à observer, à analyser et à prévoir les conditions atmosphériques.

De plus en plus, de nos jours, les cerveaux électroniques sont utilisés en météorologie. Au Centre canadien de météorologie, à Dorval, on utilise l'ordinateur le plus rapide qui soit au Canada, le Cyber 76.

À l'aide de thermomètres, d'hygromètres, de baromètres, de radiosondes et aussi de plus en plus par l'image satellite, on parvient à établir des cartes indiquant l'état de l'atmosphère à différents niveaux. En utilisant l'ordinateur, on peut prédire les conditions atmosphériques jusqu'à 5 jours d'avance ou presque. Le radar est utilisé pour des prévisions à courte échéance, c'est-à-dire des prévisions de quelques heures seulement.

Les prévisions atmosphériques sont établies à partir d'observations faites dans des postes distribués à travers tout l'hémisphère nord du Canada.

On transmet ces observations au Centre canadien de météorologie à Dorval, et c'est là qu'on prépare les cartes de prévisions qui sont ensuite distribuées aux bureaux régionaux par fac-similés (images).

Ces cartes peuvent être modifiées localement par les météorologistes. Le spécialiste en météorologie est donc un travailleur "en vase clos" qui établit des contacts avec les gens par l'entremise des instruments précités.

Le météorologiste fait un travail de bureau qui consiste à interpréter les cartes de prévisions atmosphériques pour le public en général, mais aussi pour divers groupes de travailleurs dont les activités sont reliées à la température: ceux qui travaillent dans l'industrie forestière ou agricole, ceux qui utilisent la voie maritime, les pilotes, etc. Tous ces gens ont besoin de connaître l'indice d'humidité, les quantités de précipitation (pluie et neige), la force et la direction des vents de même que la durée de l'ensoleillement.

Les météorologistes donnent des prévisions spéciales qui servent dans des cas particuliers, mais qui n'en demeurent pas moins fort utiles. Pensons par exemple à l'utilisation d'énormes grues dans le déchargement des navires; il est alors important de connaître la direction des vents. Les conseils du météorologiste peuvent être indispensables aux capitaines de bateau lorsque ceux-ci hésitent à s'engager dans la voie maritime au temps de la prise des glaces à la fin de l'automne. On sait que l'immobilisation dans les glaces d'un navire non déchargé pourrait avoir des conséquences économiques désastreuses pour les propriétaires de navires.

L'annonce des ouragans et des tempêtes sont d'autres exemples de l'importance et du rôle des météorologistes dans la société.

Formation

Il faut d'abord obtenir un baccalauréat en sciences, en physique ou en mathématiques, ce qui signifie (selon l'endroit) 3 ou 4 ans d'université après 2 ans de cégep, option sciences pures et appliquées. Ensuite, il faut suivre un cours spécialisé d'un an (plus précisément 8 mois à l'U.Q.A.M.) et passer 7 semaines à l'École de services de l'environnement à Toronto, et un mois généralement dans une base militaire.

Après 2 ans de pratique dans un bureau, le candidat devient éligible à un cours de 2 ans conduisant à la maîtrise en météorologie. Ces cours sont donnés aux universités McGill, de Toronto et à l'Université du Québec à Montréal, à Chicoutimi et à Rimouski (maîtrise en sciences de l'atmosphère). Il y a possibilité d'aller jusqu'au doctorat, particulièrement à l'Université McGill, en ajoutant 2 ou 3 autres années d'études. On ne s'improvise donc pas météorologiste.

Exigences et qualités requises

Beaucoup d'attention et un fort esprit de synthèse sont des qualités essentielles dans cette profession où il y a des multitudes de cartes à étudier.

Il faut une excellente mémoire, un sens de l'observation très développé et beaucoup de précision. Il faut aussi l'esprit d'équipe et une certaine souplesse, puisque le travail se fait en groupe avec des techniciens et que les heures de travail varient (rotation: le jour, le soir ou la nuit). Pour les météorologistes qui se destinent à la recherche et ils sont de plus en plus nombreux, il faut un esprit scientifique et une grande curiosité intellectuelle.

Débouchés et salaires

Les finissants en météorologie travaillent presque exclusivement pour la Fonction publique fédérale; quelques-uns, pour le provincial. Certaines entreprises comme l'Hydro-Québec engagent aussi des météorologistes. En 1977-78, il y avait plus de 300 météorologistes au pays.

Les salaires varient de 15 000$ à 17 000$ et vont jusqu'à 30 000$ et plus après 8 ou 10 ans d'expérience (chiffres en vigueur en 1980).

La météorologie est à peu près le domaine le plus international qui soit et sur lequel les pays font des accords, indépendamment de leur régime politique.

Notaire

Champs d'action du notariat

À l'exception des contrats de mariage et des hypothèques qui exigent toujours une forme notariée, on peut passer un contrat d'achat ou de vente d'une maison ou n'importe quel contrat sans consulter un notaire. Mais lorsque des personnes veulent donner à leurs contrats un caractère d'officialité et d'authenticité, elles consultent un notaire qui lui, de par sa fonction, rédige et confère aux documents ce caractère d'authenticité en certifiant la validité des signatures et des dates sur les documents.

Le notaire numérote les contrats, en conserve les originaux et les dépose dans un endroit sûr, à l'abri du feu et du vol. Il procure ensuite à son client, aussi souvent que celui-ci l'exige, des copies authentifiées ou des extraits des originaux.

Le notaire est un juriste et un praticien du droit, il a étudié tous les domaines du droit au même titre qu'un avocat, avec cette différence toutefois que le notaire, contrairement à l'avocat, n'a pas le droit de représenter un client devant un tribunal en matière contentieuse, c'est-à-dire en matière de litige ou de procès. Il peut cependant aller parfois au tribunal dans des cas de procédures non contestées en cour; par exemple dans les cas de tutelle, lorsqu'un mineur a des biens à faire administrer par un tuteur ou curateur ou dans les cas d'adoption d'enfants, de modification au régime matrimonial. (Surtout depuis 1970, date où les régimes dits matrimoniaux cessèrent d'être immuables à vie, pour devenir modifiables, selon le désir des conjoints et dans certaines circonstances précises.)

L'activité dominante du notaire s'exerce cependant surtout dans les domaines suivants: le droit immobilier, c'est-à-dire les contrats relatifs à l'achat, la vente, le financement des immeubles (maisons, bâtisses); les actes de vente, les hypothèques, les règlements successoraux (en d'autres termes, la répartition des biens d'une personne décédée à ses survivants selon le testament du défunt et aussi naturellement selon la Loi sur les successions.)

N'oublions pas que le notaire est un homme de loi; il connaît les lois qui régissent la société et les différents états civils; les lois du divorce lui sont également familières.

À ces activités, le notaire, en ajoute d'autres comme la connaissance des lois fiscales (lois de l'impôt), les lois qui régissent les relations entre propriétaires et locataires, etc.

Le notaire est aussi un conseiller juridique qu'on peut consulter sur n'importe quel point de loi, même lorsqu'on n'a pas de contrat à rédiger ou à authentifier. On peut le consulter sur des questions de droit en sachant cependant qu'une consultation pourra nous coûter $30 l'heure. Les services du notaire sont des services personnalisés.

Formation

Pour devenir notaire, il faut un secondaire V sans exigences préalables quoique l'histoire ou la géographie soient recommandables, et un diplôme d'études collégiales (D.E.C.) comportant deux années d'études, option sciences politiques, sociales et économiques et de préférence, cours de comptabilité, de philosophie, de psychologie et de mathématiques.

Il faut par la suite faire une licence en droit (3 ans d'études) octroyée par la Faculté de droit de l'une des universités suivantes: Montréal, Laval, Sherbrooke, McGill ou Ottawa (section du droit civil).

Une 4e année d'université est nécessaire pour obtenir un diplôme de droit notarial (Dip. D.N.) octroyé par la Faculté de droit de l'une des universités suivantes: Montréal, Laval, Sherbrooke ou Ottawa (section du droit civil).

Pour connaître les conditions d'admissibilité aux facultés de droit, consultez le prospectus de ces institutions.

À l'université, les futurs avocats et les futurs notaires suivent le même cours de droit pendant les 3 premières années; ensuite en 4e année, il y a bifurcation dans les études selon qu'on veut devenir avocat ou notaire; c'est une année durant laquelle l'enseignement est orienté vers la pratique.

Ensuite, le futur notaire doit passer les examens écrits de la Chambre des notaires du Québec. Après l'université et une fois accepté par la Chambre des notaires, le jeune diplômé peut devenir associé dans une étude, c'est-à-dire un bureau de notaires ou ouvrir sa propre étude. Cette dernière initiative n'est pas tellement conseillée vu que les débuts sont parfois difficiles. Pour commencer, il est préférable d'être associé avec quelqu'un qui a de l'expérience, même si au Québec le débutant est libre de s'installer où il veut et quand il le veut.

Exigences et qualités requises

Contrairement à l'ancienne et fausse image qu'on se faisait du "tranquille notaire", il faut du dynamisme, de l'initiative et de l'autorité pour exercer cette profession: il faut savoir et il faut donner les explications essentielles aux clients; initiative et autorité, parce que le notaire ne se contente pas de rédiger passivement les désirs du client, mais lui donne des informations et lui fait des suggestions.

Le notaire doit être minutieux, perfectionniste, attentif aux détails. Il doit savoir écrire correctement.

Obligé de négocier des contrats avec des parties qui ont des intérêts opposés, il doit être conciliateur, négociateur, prudent, honnête et capable de trouver des solutions à des problèmes concrets et humains.

Débouchés et salaires

Étant donné le rôle de conseiller juridique du notaire et vu la complexité sans cesse croissante des lois dans la vie des gens, on peut affirmer que les perspectives d'emploi sont bonnes dans cette profession. On trouve des notaires surtout en pratique privée, mais aussi dans la Fonction publique, dans les corporations, les compagnies d'assurances, les entreprises commerciales et autres.

Les notaires ont un tarif d'honoraires approuvé par le lieutenant-gouverneur en Conseil et ils doivent le suivre assez rigoureusement.

Une fois soustraites les dépenses de secrétariat, d'équipement, de location de bureau, de téléphone, de papeterie, etc., en 1981, le revenu "réel" du notaire pouvait varier de 35 000$ à 40 000$ en moyenne, avant même les déductions d'impôts qu'il faudrait soustraire de ces derniers chiffres, sans oublier aussi les fonds de sécurité ou de retraite et d'assurance-maladie à prévoir là-dessus; en définitive, on ne fait pas nécessairement fortune dans cette noble profession. Il y a évidemment là comme ailleurs des exceptions.

Optométriste

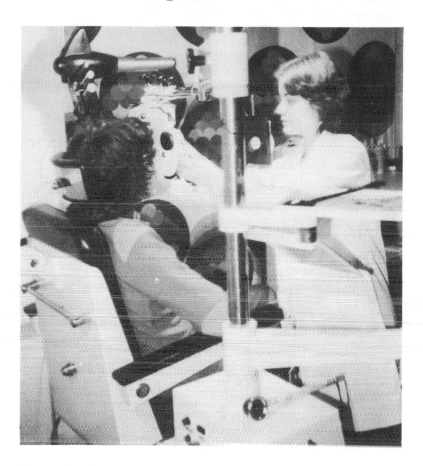

La profession

L'optométriste est un professionnel de la santé formé pour s'occuper de tout ce qui a trait à la vision: examen des yeux, analyse de leur fonction, évaluation des problèmes visuels ainsi que l'orthoptique, de même que la prescription, la pose, l'ajustement, la vente et le remplacement de lentilles ophtalmiques.

L'optométrie étant la science qui a pour objet de préserver, de corriger et d'améliorer la vision, l'optométriste donne des conseils de prévention, prescrit des traitements appropriés autant pour améliorer la vision que pour augmenter le rendement visuel et la coordination des yeux.

Les lentilles cornéennes, les aides optiques pour les handicapés visuels, l'entraînement de la perception visuelle chez l'enfant relèvent du domaine de l'optométrie.

Rôle social de l'optométriste

L'optométriste est préoccupé par le bon fonctionnement de l'appareil visuel, c'est-à-dire non seulement l'oeil, mais aussi le phénomène de la vision et le cerveau. L'optométriste fait plus que s'occuper de la structure de l'oeil, il s'intéresse même à l'influence du milieu sur le développement de l'appareil visuel et ses conséquences sur la coordination motrice des mains et des pieds dans l'apprentissage des habitudes de vie de l'individu.

Le comportement général d'une personne subit l'influence du bon fonctionnement de l'oeil et de son entraînement à bien voir dans des conditions idéales.

Une mauvaise vision dans les premières années de la vie peut nuire à l'apprentissage de la lecture à l'âge scolaire. Jusqu'à l'âge de 3 ans, le développement visuel de l'enfant peut contribuer au bon développement des mouvements de tout le corps et par conséquent favoriser son adaptation sociale.

Si l'optométriste se contentait d'un simple examen de la vue, il se ferait une idée plutôt rudimentaire de l'état de son patient; c'est pourquoi il s'enquiert également du rendement global de celui-ci: par exemple, ses habitudes de vie, sa "télémanie", etc.

Pour la population, voir clair, c'est voir bien, mais il paraît que cela n'est pas toujours vrai, car on peut voir clair et mal voir, c'est-à-dire avoir des troubles insoupçonnés de l'appareil visuel, d'où le rôle éminemment social de l'optométriste (prévention et information auprès du public).

Formation

Secondaire V avec sciences; cégep option sciences de la santé (2 ans) et l'Université de Montréal, École d'optométrie (8 trimestres). Le doctorat est décerné aux candidats qui ont complété avec succès le programme d'études. Il faut évidemment être reconnu et accepté par l'Ordre des optométristes du Québec pour avoir le droit d'exercer la profession.

Outre l'Université de Montréal, il y a aussi l'Université de Waterloo, en Ontario, qui donne un cours d'optométrie.

Exigences et qualités requises

D'abord de la facilité pour les sciences, surtout la biologie, la physique et les mathématiques, mais aussi de la chaleur humaine pour accueillir avec compréhension les clients et un certain sens des affaires afin d'administrer les revenus et dépenses d'un bureau de professionnel.

Des qualités d'observation et de précision pour manipuler les instruments de travail propres à l'optométrie et naturellement une bonne vision sont des qualités importantes dans cette profession.

Avantages de la profession

L'indépendance d'action (l'optométriste est son propre patron dans son bureau). C'est un travail propre qui n'exige ni trop d'efforts physiques ni trop de tension mentale, surtout lorsque l'habitude de la profession est prise et la patience avec les clients acquise.

Inconvénients de la profession

Il peut coûter au minimum entre 20 000$ et 25 000$ pour bien équiper un bureau de pratique privée. Au début et pendant l'exercice de la profession, il existe une certaine insécurité, car la clientèle est à faire et à maintenir, ce qui n'est pas toujours facile ni assuré.

De plus, la profession risque d'être encombrée. Sur 500 à 600 candidats aspirant à devenir optométristes, à peine 40 à 45 sont acceptés à l'Université de Montréal, en optométrie, chaque année.

Honoraires

Entre 20 000$ et 25 000$ ou plus en moyenne selon le milieu, l'initiative du spécialiste et la clientèle. Les femmes comme les hommes peuvent avoir accès à cette profession. (Salaires en 1980 et 1981).

Orthopédagogue

Centre de Jour, Plein Soleil.

La profession

L'orthopédagogue est un spécialiste en éducation qui oeuvre en milieu scolaire avec des enfants en difficulté d'apprentissage ou de comportement.

En effet, certains élèves, quel que soit leur âge, manifestent des difficultés de vocabulaire ou de structure de phrase ou de raisonnement logico-mathématique. D'autres lisent difficilement et ne comprennent pas ce qu'ils lisent ou encore écrivent avec tellement d'erreurs qu'on ne peut les lire.

L'orthopédagogue tente de dépister les causes du retard pédagogique chez les étudiants qui ont des difficultés ou qui sont incapables de s'adapter au rendement moyen des élèves de leur groupe d'âge.

Il y a des enfants qui éprouvent des troubles psychomoteurs, c'est-à-dire qu'ils ne parviennent pas dans leurs gestes à organiser le temps, l'espace et le mouvement. Ils sont, de ce fait, incapables de se situer par rapport aux objets; d'autres ont des troubles de coordination visuomotrice, c'est-à-dire qu'ils ont, par exemple, de la difficulté à poser des gestes correspondant à ce qu'ils voient. Ils sont incapables d'écrire une lettre dans un mot qu'ils voient ou ils ne peuvent pas écrire exactement les mots des phrases qu'on leur montre. Au plan logico-mathématique, les principales difficultés sont au niveau des opérations de base, de géométrie et d'application dans des problèmes concrets.

Certains orthopédagogues, de par leur formation clinique, ont tendance à privilégier, dans leur travail, l'aspect psychanalytique et tentent d'interpréter les difficultés d'apprentissage des élèves comme des réactions à des problèmes rationnels avec leur environnement (relation mère-enfant, père-enfant ou triangulaire).

La plupart des orthopédagogues cependant sont davantage préoccupés par l'aspect apprentissage pédagogique sans pour autant négliger les comportements affectifs. L'apprentissage peut se faire au moyen de techniques de rééducation appliquées chaque jour, en milieu scolaire, à des élèves qui doivent apprendre à lire ou à écrire correctement, s'ils veulent pouvoir suivre le rythme régulier des autres élèves.

Le spécialiste en orthopédagogie ne se contente pas d'évaluer les possibilités et difficultés d'un élève, il peut aussi conseiller le professeur sur les moyens à prendre pour répondre aux caractéristiques d'apprentissage de ses élèves.

Parce que les styles cognitifs et comportements affectifs varient d'un enfant à un autre, l'orthopédagogue adapte son action à chacun et pose un diagnostic global qui doit toujours être resitué à partir du milieu socio-culturel de l'enfant, afin de permettre la distinction la plus raffinée possible entre ce qu'est le trouble spécifique de l'enfant, celui du milieu ou celui de la ou des méthodes d'apprentissage utilisées.

Éducateur spécialisé avec statut d'enseignant, l'orthopédagogue peut être appelé à exercer sa profession dans plusieurs écoles d'un même territoire. En principe, il travaille autant que possible en collaboration avec les autres spécialistes du milieu scolaire: psychologues, travailleurs sociaux, conseillers d'orientation, professeurs, directeurs, orthophonistes, etc. Il collabore aussi avec les parents. Certains orthopédagogues sont aussi appelés à travailler dans les milieux hospitaliers ou en internat de rééducation, là où le besoin se fait sentir d'avoir une perspective globale et totale de l'enfant.

Comme instrument de travail, l'orthopédagogue se sert, entre autres, d'examens d'orthographe, de même que de tests faisant référence à des facteurs d'apprentissage relativement à la vision ou à l'audition et à l'organisation de l'espace et du schéma corporel. Suite au diagnostic, il élabore un plan de rééducation auprès de l'élève.

Formation

Le cégep, option sciences humaines ou autres. Trois années aux universités de Montréal ou de Sherbrooke pour l'obtention d'un baccalauréat en sciences de l'éducation, option orthopédagogie.

Des programmes de maîtrise ès arts (recherche) sont offerts à Montréal et à Sherbrooke. On peut même obtenir un doctorat, dans cette matière. L'orthopédagogue reçoit un permis d'enseignement en même temps que son baccalauréat. Une formation en orthopédagogie est donnée au Module de l'enfance inadaptée de l'U.Q.A.M.

Exigences et qualités requises

Disponibilité, discernement, observation et empathie sont des qualités essentielles à l'orthopédagogue qui doit être à l'écoute des élèves qui ont besoin de lui.

L'esprit de recherche et le respect de la dimension psychologique et personnelle de l'enfant et de son milieu d'origine sont également des qualités recherchées chez le spécialiste en orthopédagogie. Celui-ci doit, non seulement penser aux difficultés, mais peut-être encore plus aux possibilités des élèves en les plaçant dans des situations de succès. Un sens aigu de la psychologie est aussi nécessaire chez ce spécialiste qui travaille en fonction des personnalités. Il faut enfin posséder une connaissance des clivages socio-culturels concrets responsables des difficultés de l'enfant.

Débouchés et salaires

Les commissions scolaires, quelques hôpitaux et centres de rééducation peuvent engager des orthopédagogues.

Les salaires varient selon les milieux et les années d'expérience. En 1980-81, on gagnait entre 13 500$ et 36 000$.

Orthophoniste-audiologiste

Documentation photographique, Gouvernement du Québec. Référence-74-144-E-2.

La profession

Voici une profession très en demande et dans laquelle on trouve des spécialistes préoccupés par le dépistage et la correction des troubles du langage et de l'audition tant chez les enfants que chez les adultes.

Bien que ces deux disciplines (l'orthophonie et l'audiologie) soient presque toujours dissociées dans la pratique, elles peuvent s'influencer réciproquement. Ne dit-on pas que pour bien comprendre, il faut d'abord bien entendre?

Ici, nous nous en tiendrons surtout au rôle de l'orthophonie qui tente de prévenir, de diagnostiquer ou de corriger les problèmes d'articulation des mots et des sons et les difficultés d'expression dans le langage, de nature fonctionnelle ou neurologique.

Tout le monde connaît, du moins de nom, les principales déficiences du langage telles que le bégaiement, le trouble rythmique qui consiste à avoir de la difficulté à commencer un mot ou une phrase et le zézaiement qui consiste à substituer un son à un autre et dont l'origine peut être multiple.

Il y a les malformations de la gorge et du larynx, les troubles de la voix, l'impossibilité d'émettre des sons vibrants égaux: voix rauque, perçante, faible. Il y a également les défauts de type paralytique (système nerveux) et les troubles fonctionnels sans cause organique apparente.

Certaines personnes sont incapables de faire un lien entre le son et le symbole graphique du même son. D'autres sont incapables d'articuler un mot ou un phonème après en avoir entendu le son.

Que fait l'orthophoniste pour dépister ces troubles surtout chez les jeunes? s'il s'agit par exemple d'enfants à la maternelle, l'orthophoniste les observe et voit comment ils communiquent entre eux.

Tel enfant, lorsqu'on l'interroge, fait-il parler un autre à sa place, parle-t-il uniquement par gestes? L'orthophoniste procède aussi à des examens physiques de la langue, des dents, de la bouche, des oreilles, il observe le type de phrases employé par l'élève, les sons qu'il émet ou n'émet pas, etc.

Après observation et constatation, l'orthophoniste rencontre les parents des enfants et leurs professeurs qui confirment ou infirment ses dires et collaborent avec lui dans la mise en oeuvre des techniques de correction.

Avec les enfants qui éprouvent des difficultés à structurer les phrases ou à synthétiser la pensée, l'orthophoniste utilise à l'occasion la technique des histoires en images que l'élève doit reconstituer dans un ordre logique de faits.

Dans bien des cas, les troubles du langage ou autres sont dus au contexte psychologique qui a entouré l'enfant et à une absence de stimulation adéquate. Par exemple, des parents qui ne se parlent jamais ou très peu ne favorisent guère l'éclosion du langage et l'entendement des sons particulièrement chez les tout petits. Il paraît que le langage se développe surtout entre 2 ans et 5 ans.

L'absence de verbes dans les phrases utilisées par un professeur trop pressé pour faire des phrases complètes ne favorise pas l'expression du langage des élèves. Ce ne sont là que quelques exemples basés sur les observations des orthophonistes.

Formation

Deux ans de cégep, option sciences de la santé ou sciences pures et 4 ans d'université en vue d'obtenir la maîtrise, incluant des stages en milieu clinique et scolaire.

L'École d'orthophonie et d'audiologie de l'Université de Montréal relève de la Faculté de médecine. On peut suivre les cours à l'Université McGill ou à l'Université de Montréal jusqu'au doctorat.

Exigences et qualités requises

Ce milieu demande beaucoup de patience, car les résultats n'y sont pas toujours rapides; un bon jugement, de la facilité à communiquer, du doigté et naturellement du goût et des capacités pour les sciences, en plus du sens de l'observation et de l'aptitude à travailler en équipe sont également nécessaires.

Débouchés et salaires

Le besoin d'orthophonistes est grand dans notre société, il y aurait actuellement plus d'offres d'emploi que de demandes dans cette profession qui s'exerce dans les hôpitaux, les cliniques, les centres de réadaptation et les milieux scolaires.

Les salaires varient de 18 000$ environ à 42 000$ et plus après un certain nombre d'années selon la convention de travail de 1979-82. La Corporation des orthophonistes-audiologistes est régie par le Code des professions du Québec. L'orthophoniste peut se spécialiser dans l'adaptation de groupes particuliers, il peut s'adonner à la recherche, devenir conseiller auprès de groupes d'éducateurs, de médecins, de dentistes et d'autres groupes professionnels. Bien entendu, cette profession est ouverte tant aux hommes qu'aux femmes.

Pharmacien

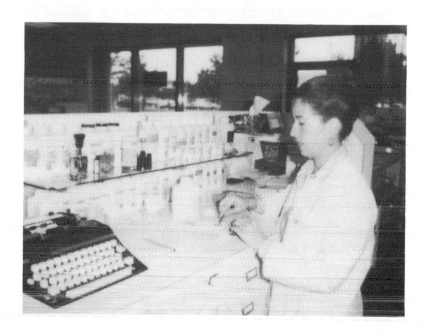

La profession

Le pharmacien (homme ou femme) a pour fonction de préparer et de vendre, la plupart du temps selon des ordonnances de médecins, des médicaments. Il prépare et distribue des antibiotiques ou des remèdes aux clients qui leur présentent une prescription médicale. Il fait les mélanges selon les règles du dosage et des compositions chimiques; il veille à la bonne marche de son commerce et dispense de l'information au public qui a recours à ses services.

Dans un hôpital, le pharmacien renseigne le personnel médical sur les thérapeutiques propres aux médications. En industrie, il donne la formulation des noms de médicaments et voit à l'analyse ou à l'identification des éléments composant les médicaments.

Formation

Le baccalauréat ès arts ou ès sciences, soit le diplôme en sciences de la santé du cégep ou l'équivalent sont des prérequis nécessaires à l'étude de la pharmacie.

Les candidats sont choisis par un comité d'admission qui tient compte de la personnalité du sujet et du dossier scolaire des 4 années précédant la demande d'admission. Le cours de pharmacie dure 4 ans dont trois de culture générale de base et une option en 4e année parmi les suivantes: pharmacie d'officine, pharmacie d'hôpital, pharmacie industrielle et de recherches. L'étudiant doit s'inscrire à l'Ordre des pharmaciens du Québec et faire un stage de 4 mois après l'obtention de son baccalauréat en pharmacie.

Qualités requises

La précision, l'esprit méthodique, une bonne mémoire, le sens des affaires, le goût et l'aptitude pour les sciences, notamment la chimie, la physique, les mathématiques, sont des qualités essentielles au pharmacien. La sociabilité et l'entregent sont aussi très utiles dans cette profession qui, par ailleurs, exige beaucoup d'attention pour éviter les erreurs dans les mélanges à préparer.

Débouchés et salaires

Les diplômés peuvent travailler en pharmacie communautaire ou privée, dans un hôpital, en industrie, dans l'enseignement, la recherche et la Fonction publique incluant les services de santé du gouvernement et ceux de l'armée.

Certains pharmaciens travaillent comme inspecteur ou contrôleur à la Direction gouvernementale des aliments et drogues.

Revenus entre 15 000$ et 35 000$ selon le cas (1980). Pour plus de détails, consulter l'Ordre des pharmaciens du Québec, 1253, avenue du Collège McGill, Bureau 160, Montréal, Québec, H3B 2Y5. Tél.: (514)-861-2435.

Physicien

Champs d'action

Les lois qui régissent la matière et l'énergie sont les grandes préoccupations du physicien qui s'interroge constamment sur les particules constituantes du monde visible.

La structure de l'atome et de son noyau, la nature et l'origine de l'univers, des planètes, des étoiles, des galaxies, la nature de la lumière, de l'électricité, de la gravitation sont autant de sujets d'étude abordés par le physicien.

Le physicien étudie les propriétés des états de la matière: solide, liquide, gaz, plasma.

La physique a fourni à d'autres sciences, à la chimie par exemple, certaines de leurs bases théoriques essentielles et de leurs méthodes expérimentales les plus fructueuses. Par l'électronique, les semiconducteurs, les circuits logiques, elle a rendu possible le développement des ordinateurs, de l'informatique, des communications. Avec la chimie, elle permet de comprendre les phénomènes biologiques à l'échelle moléculaire. La physique fut aussi la première science à se mathématiser; sur ce point, elle est restée un modèle pour les autres disciplines. Enfin, la physique du 20e siècle a complètement renouvelé l'étude des grands sujets qui ont toujours fasciné les hommes: l'espace et le temps, le continu et le discontinu, le hasard, la certitude, la relativité, la causalité, le sens de l'écoulement du temps, la notion d'identité des particules, etc.

La physique répond donc à une foule de questions qui se posent à l'intelligence de l'homme: comment s'est "fait" l'univers, qu'est-ce que la lumière, comment fonctionne un transistor, comment les fusées sont-elles propulsées, etc.

Dans ses recherches, le physicien tente de répondre à ces questions en établissant des mesures qu'il essaie de relier entre elles par des théories et avec l'aide des mathématiques.

Bien peu de domaines offrent autant de spécialités que la physique, de sorte qu'on peut presque dire qu'elle touche à tout. En effet, on la retrouve en mécanique, en hydrodynamique, en thermodynamique, en acoustique, en optique, en électricité et en magnétisme, sans oublier aussi l'électronique, les ondes électromagnétiques, la structure moléculaire et atomique, la physique des basses températures, la physique médicale, la géophysique, la biophysique, la météorologie, l'astronomie et ainsi de suite, dans une liste qui risquerait d'être très longue.

Formation

À l'Université de Montréal, le Département de physique accepte tout candidat qui détient le diplôme d'études collégiales en sciences pures et appliquées et qui désire étudier la physique ou l'astronomie. Les dossiers des candidats qui détiennent le D.E.C. option sciences de la santé, ou qui ont passé quelques années sur le marché du travail, sont étudiés individuellement.

Parmi les cours à option du bloc scientifique au cégep, nous suggérons au futur physicien de s'inscrire à la géologie, à l'informatique, à l'astronomie, à la chimie, plutôt qu'à des cours plus avancés de physique ou de mathématiques.

Le département offre un baccalauréat spécialisé en physique pour ceux qui désirent devenir physiciens ou astronomes. C'est la première étape pour ceux qui visent la recherche en physique ou en astronomie, ou l'enseignement universitaire ou collégial.

Y a-t-il des programmes d'études qui viennent après le baccalauréat spécialisé en physique?

À l'Université de Montréal, 2 programmes d'études supérieures sont offerts au Département de physique: le premier conduit à l'obtention de la maîtrise ès sciences (M. Sc.), le second à l'obtention du doctorat (Ph. D.).

Programme de maîtrise

Pour être admis à titre d'étudiant régulier au programme de maîtrise, le candidat doit détenir le baccalauréat spécialisé en physique, ou le baccalauréat avec majeure en physique, pour lequel il a obtenu une moyenne de 70% ou un diplôme de premier cycle jugé équivalent.

Le programme de la maîtrise avec mémoire comporte un minimum de 15 crédits de cours de 1er cycle ainsi que 30 crédits attribués à la recherche et à la rédaction d'un mémoire.

Le programme de la maîtrise sans mémoire comporte un minimum de 24 crédits de cours dont un minimum de 18 crédits de cours de 2e cycle et 24 crédits attribués à un stage d'une durée de 4 mois.

Programme de doctorat

Pour être admis à titre d'étudiant régulier au programme du doctorat, le candidat doit être détenteur de la maîtrise ès sciences nord-américaine (M. Sc.), ou du doctorat de 3e cycle français, ou de tout autre diplôme jugé équivalent.

Le programme comporte un minimum de 90 crédits attribués à la recherche et à la rédaction d'une thèse. Il comporte aussi des crédits de cours selon les besoins des candidats.

Le département offre un choix spécial de cours aux étudiants qui se destinent à la recherche en biophysique ou en physique médicale.

Les études en vue d'un baccalauréat spécialisé en physique durent normalement 3 ans. Les étudiants qui désirent faire de la recherche peuvent obtenir la maîtrise après 1 an en moyenne et le doctorat 3 ans plus tard.

Le département offre également ce qu'on appelle une majeure et une mineure en physique. La majeure, couplée avec une mineure en éducation, prépare à l'enseignement au niveau secondaire. La plupart des universités ont un département de physique.

Exigences et qualités requises

Une grande curiosité intellectuelle, de l'aptitude pour les mathématiques, une facilité d'adaptation à différentes disciplines scientifiques sont des qualités essentielles chez le physicien qui doit être un bon observateur.

Débouchés et salaires

On trouve des physiciens dans les laboratoires gouvernementaux près des centres populeux, mais on en trouve aussi sur des vaisseaux dans l'Atlantique et le Pacifique. Plusieurs travaillent en industrie, dans les hôpitaux, d'autres sont dans l'enseignement.

Les salaires varient de 15 000$ à plus de 35 000$ selon le lieu de travail et selon les grades et l'expérience acquise. Le pourcentage de chômage chez les physiciens est habituellement plus faible que dans la population en général.

Savez-vous que...

On trouve plus de de 35 000 physiciens professionnels en Amérique du Nord, dont plus de 3000 au Canada, et ce chiffre double à peu près tous les 10 ans.

Le Département de physique de l'Université de Montréal existe depuis 1920, mais ce n'est qu'en 1945 que prirent naissance les études avancées en vue de la maîtrise et du doctorat.

Physicien nucléaire

Université de Montréal, Centrale de photographie. No 4921- 30 *avril 1968.*

Champs d'action de la discipline

Distinguons au départ physique nucléaire, énergie nucléaire et science nucléaire. En physique nucléaire, on est préoccupé par la recherche dans des domaines fondamentaux comme, par exemple, les lois de la nature, la structure de la matière et tout cela d'une façon plutôt intellectuelle et théorique. En énergie nucléaire, on se préoccupe de l'utilisation des lois de la physique nucléaire, tandis qu'en science nucléaire on cherche à appliquer différentes techniques physiques à diverses disciplines, notamment la médecine, l'archéologie, l'analyse chimique, etc.

En archéologie par exemple, lorsqu'il s'agit de déterminer la date d'ancienneté de certains objets, on procédera au moyen du carbone 14, un isotope qui a une durée de vie de plusieurs milliers d'années, qui est produit par les rayons cosmiques dans l'atmosphère et qui est absorbé par les plantes, les arbres, etc.

En physique nucléaire, on effectue des recherches sur la structure et le comportement des noyaux atomiques, on étudie la nature des forces nucléaires et des particules élémentaires afin d'accroître les connaissances scientifiques en ce domaine. À partir des connaissances ainsi acquises, on met au point du matériel et des techniques qui permettent d'exécuter des expériences avec des accélérateurs et des réacteurs. On produit des isotopes et des états de noyaux ou de particules qui ne se trouvent pas autrement dans le milieu terrestre.

Formation

Bon nombre de techniciens ont été formés sur place, mais comme formation de base, une formation en électrotechnique et en électronique est souhaitable, donc secondaire V et 3 ans dans un cégep ou à l'Institut Teccart en électrotechnique et électronique.

Au niveau universitaire, pour ceux ou celles qui visent la carrière d'ingénieur et de chercheur en physique nucléaire, le cégep, option sciences pures et appliquées, est requis, suivi de 3, 5 ou 9 ans d'études, selon qu'on désire un baccalauréat, une maîtrise ou un doctorat. La plupart des universités donnent des cours de physique.

Exigences et qualités requises

Il faut évidemment au physicien une aptitude pour les chiffres pour comprendre les unités de mesure et d'application des mathématiques à la physique. Les autres qualités dont il doit faire preuve sont les suivantes: de l'habileté manuelle pour manipuler des instruments de travail et faire des montages d'appareils techniques et scientifiques, le sens de la précision et de l'exactitude, une intelligence et une habitude d'observation au-dessus de la moyenne. L'aptitude à se poser des questions, la patience et la persévérance sont aussi des qualités importantes dans cette carrière, de même que l'esprit d'équipe.

Débouchés et salaires

L'enseignement supérieur, quelques cégeps, les laboratoires de recherches, le Conseil national de la recherche à Ottawa et certaines grandes industries telles l'Alcan, Iron Ore, Hydro-Québec, utilisent des physiciens nucléaires. Certains ministères auront besoin de finissants pour organiser la "radio protection" des générations futures. Un technicien de haut niveau peut gagner de 15 000$ à 16 000$ au début et plus de 27 000$ après 15 ans. Des chercheurs avec diplôme universitaire et 2 ans d'expérience peuvent commencer à 23 000$ et gagner 40 000$ et plus après 25 ans.

Physiothérapeute

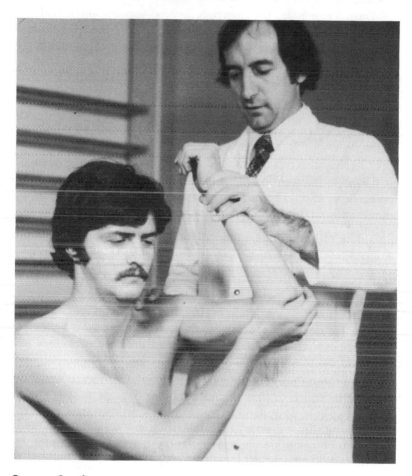

La profession

L'être humain, tout le monde le sait, possède un corps et un esprit intimement liés. Les défauts ou les maladies de l'un influencent nécessairement l'autre. Le système nerveux, les sens et la capacité de mouvement du corps de même que l'équilibre mental peuvent être affectés par des désordres et des détériorations fonctionnelles sur le plan physique.

Dans l'ensemble, les capacités psycho-sensori-motrices de la personne peuvent être altérées notamment par la douleur, les anomalies congénitales, les atteintes neurologiques, les maladies inhérentes à la vieillesse, l'inactivité forcée suite à un accident, l'indolence, l'ignorance ainsi que les facteurs stressants abusifs d'ordre psychologique ou social.

Tous ces problèmes, tous ces troubles possibles peuvent être identifiés et corrigés par des spécialistes qu'on appelle physiothérapeutes.

Le physiothérapeute est donc le professionnel qualifié et capable d'évaluer la condition physique du client dans les limites de sa compétence. C'est l'homme ou la femme apte à déterminer les potentialités de réadaptation physique des personnes qui en ont besoin.

Le physiothérapeute planifie et réalise des programmes de soins physiothérapeutiques par des moyens physiques variés tels que thérapie manuelle, exercices, massages, utilisation d'agents physiques, comme l'électrothérapie ou l'hydrothérapie, bain, chaleur, glace, etc.

Par ces techniques spécialisées, le professionnel de la physiothérapie est donc apte, non seulement à dépister les problèmes, mais à évaluer et à planifier le traitement chez les personnes qui présentent des troubles mécaniques et neuro-musculo-squelettiques.

C'est ainsi, par exemple, que le physiothérapeute tente de redonner le rendement fonctionnel maximum aux personnes atteintes de paraplégie, de dystrophie musculaire, d'arthrite aiguë, d'affections neurologiques diverses (hémiplégie, sclérose en plaques, infirmité motrice cérébrale chez les enfants), d'affections relevant du domaine de l'orthopédie (douleurs cervicales ou lombaires, post-fractures, etc.).

Certains physiothérapeutes se spécialisent en physiothérapie respiratoire dans les centres hospitaliers, les centres de convalescence et en milieu privé.

Les principaux objectifs de cette branche visent la thérapeutique physiomécanique, la prophylaxie et le traitement approprié des maladies respiratoires (asthme, bronchite chronique, fibrose kystique, etc.). De plus, cette branche s'intéresse aux soins pré et postopératoires ainsi qu'au traitement des infections pulmonaires aiguës. En somme, la physiothérapie respiratoire aide des gens de tous les âges: nouveau-nés comme vieillards.

Dans la catégorie chirurgicale, on retrouve en majorité les sujets qui nécessitent une chirurgie thoracique ou cardiaque. Il va sans dire qu'étant donné le taux élevé de gens nécessitant une opération à coeur ouvert ou une résection pulmonaire à cause d'un cancer, nous sommes de plus en plus stimulés à améliorer nos connaissances et par ce fait même, nos traitements dans ce domaine.

La rééducation respiratoire est essentielle et le sera toujours. Pensons seulement aux limites imposées par un handicap pulmonaire comme la bronchite chronique: cela peut vraiment, non seulement modifier le comportement de l'individu atteint, mais également sa vie. Donc, le but du physiothérapeute est de développer au maximum les possibilités de chaque client, en lui apprenant à fonctionner avec son handicap.

Rappelons-nous qu'il faut voir l'aspect global du client; le physiothérapeute doit évaluer et ajuster au fur et à mesure les traitements pour le bien-être du client.

La physiothérapie existe depuis plusieurs années et il est vrai que l'accent a été mis sur tous les autres aspects de la rééducation du handicapé physique. Cependant, avec les recherches récentes et continues, la physiothérapie respiratoire prend et prendra beaucoup plus d'ampleur avec les années.

Formation

Le physiothérapeute poursuit des études universitaires de 1er cycle d'une durée de 3 ans après l'obtention d'un diplôme d'études collégiales, option sciences de la santé. Après avoir obtenu son baccalauréat ès sciences (santé), option physiothérapie, il doit compléter sa formation clinique par un internat d'une durée de 4 mois (totalisant 600 heures) dans des établissements agréés par la Corporation professionnelle des physiothérapeutes du Québec.

Un nombre toujours grandissant de physiothérapeutes s'inscrivent à des programmes universitaires de 2e cycle et d'autres, bien que moins nombreux, s'inscrivent à des programmes de 3e cycle.

Pour exercer sa profession, le physiothérapeute doit maîtriser des connaissances acquises notamment en anatomie, physiopathologie, physique, biomécanique, kinésiologie, kinésithérapie, électrothérapie et psychologie. Le professionnel en physiothérapie doit en outre connaître le processus normal de croissance, de maturation et de vieillissement humain. Il est apte à dépister des problèmes, évaluer, planifier, traiter les personnes présentant des troubles mécaniques et neuro-musculo-squelettiques.

Le physiothérapeute doit pouvoir travailler en équipe, être familier avec les principes de l'apprentissage, de la communication, de la consultation, de l'administration et des méthodologies de recherche.

Champs d'activité

Les activités cliniques, l'éducation et la recherche constituent les champs d'action de base en physiothérapie.

Ainsi, en fonction des besoins du milieu, le physiothérapeute adapte ou concentre ses interventions dans des activités cliniques et non cliniques ou les deux. Il pourra, dès lors, se voir confier les rôles suivants:

— clinicien
— éducateur
— administrateur
— chercheur
— consultant

Clinicien

Soins en phase aiguë ou subaiguë, soins de réadaptation, soins prolongés et de soutien, soins communautaires.

Ces soins sont offerts à la clientèle hospitalisée et externe. Ils sont dispensés dans des centres hospitaliers, des cabinets privés, des services de santé en industrie et en milieu scolaire, à domicile et sur les lieux de compétition dans les cas de blessures dues à la pratique des sports.

Éducateur

Le physiothérapeute, selon les besoins,

— assure la formation scolaire et professionnelle d'étudiants en physiothérapie dans les universités et les milieux cliniques;

— participe à la formation académique et professionnelle d'étudiants en techniques de réadaptation et autres disciplines de la santé au niveau du cégep;

— favorise une formation axée sur une complémentarité de soins avec les autres professionnels concernés;

— collabore au développement de la compétence de ses pairs par des échanges professionnels, par des cours de formation continue et de perfectionnement;

— fait connaître au public les droits et les avantages d'une utilisation optimale de la physiothérapie à l'aide de moyens adéquats de communication.

Administrateur

Le physiothérapeute accédant au poste d'administrateur doit posséder des connaissances en gestion qui lui permettent d'assurer le fonctionnement d'un service de physiothérapie. Ses principales activités consistent à planifier, organiser et développer le service; diriger, coordonner, superviser et contrôler le personnel sous sa responsabilité ainsi qu'à appliquer des programmes préventifs, curatifs, d'enseignement et de soutien.

Chercheur

Essentielle au développement de toute profession, la recherche fondamentale et appliquée prend de plus en plus d'essor en physiothérapie. Le physiothérapeute impliqué dans ce domaine travaillera principalement dans les universités où se fait la recherche fondamentale, dans les milieux cliniques et auprès d'organismes sollicitant des expertises, secteurs de la recherche appliquée.

Consultant

Le physiothérapeute consultant s'applique, selon le mandat qui lui est confié, à solutionner des problèmes et à adapter les données aux particularités des situations. Les domaines d'intervention correspondent à des besoins tant sur le plan de la prévention et du traitement que sur celui de l'administration auprès des organismes gouvernementaux ou privés.

Éthique professionnelle

L'exercice de la physiothérapie est contrôlé par un ensemble de règlements conçus et appliqués par la Corporation professionnelle des physiothérapeutes du Québec et selon les lois québécoises en vigueur.

Les lois professionnelles obligent le physiothérapeute à assumer la responsabilité thérapeutique après le diagnostic médical, tout en tenant compte des recommandations qui peuvent accompagner le diagnostic médical.

Le physiothérapeute assume l'entière responsabilité de l'orientation qu'il donne au traitement, du choix des modalités thérapeutiques et de leurs applications, compte tenu de l'évaluation préalable.

Il traite les clients selon son jugement, ses connaissances et sa compétence. Il collabore avec les professionnels de la santé en vue d'assurer la meilleure qualité de soins possible.

Exigences et qualités requises

Capacité d'analyse et de synthèse, jugement et prudence sont des qualités de base chez le physiothérapeute. Il doit être prudent dans sa démarche clinique: avant de traiter un client, le physiothérapeute obtiendra un diagnostic établi par un médecin, sauf dans le cas de prophylaxie ou de premiers soins, auxquels cas le physiothérapeute doit, dans les plus brefs délais, référer le client à un médecin pour fins de diagnostic.

Il maintient des échanges professionnels avec le médecin qui a établi le diagnostic, de manière à transmettre des observations et commentaires, recueillir des informations supplémentaires et participer au diagnostic, le cas échéant. Les interventions du physiothérapeute et des professionnels de la santé se conjuguent et s'effectuent dans un esprit de collaboration mutuelle pour le bien du client.

Le respect des faits et des personnes

Pour réaliser son évaluation neuro-musculo-squelettique, le physiothérapeute:

— recueille des informations pouvant servir à identifier les besoins du client: histoire de cas, sommaire de l'histoire médicale et psychosociale, facteurs pathologiques associés, résultats d'examens (rayons X, emg);

— recueille les données des examens et des tests: bilan musculaire ou articulaire, test de coordination et d'équilibre, mesures comparatives, palpation, réflexes;

— procède à l'analyse et à la synthèse des renseignements obtenus;

— identifie les problèmes, tels que douleur, limitation d'amplitude articulaire, diminution de force musculaire, oedème.

Il est à noter que des explications seront fournies aux clients en autant que l'acte physiothérapique sera directement concerné.

Objectivité et prévoyance

Le physiothérapeute établit pour chaque problème préalablement identifié un plan spécifique de traitement qui:

— identifie les modalités thérapeutiques choisies;

— précise la fréquence des traitements prévus;

— prévoit de façon approximative le nombre de traitements jugés nécessaires;

— spécifie les résultats escomptés;

— renseigne les clients sur la nature des traitements dispensés et fournit les explications nécessaires à la compréhension et à l'appréciation des traitements.

Conscience professionnelle

Dans l'exercice de sa profession, le physiothérapeute rédige des rapports et tient à jour un dossier pour chacun de ses clients.

Débouchés et salaires

Les perspectives d'avenir sont bonnes tant au Québec que dans le reste du monde pour les physiothérapeutes.

Selon le poste occupé et l'expérience, les salaires variaient de 16 203$ à 30 562$, en 1980.

Prêtre

Que fait le prêtre?

Le prêtre est un homme d'action, de prière et de réflexion. On le retrouve non seulement dans l'exercice du culte et à l'homélie de l'office dominical, mais aussi dans les centres d'accueil ou de loisirs et comme aumônier dans les écoles, les hôpitaux et les prisons.

Il y a aussi des prêtres dans l'enseignement de la catéchèse et les mouvements sociaux. Depuis un certain temps, quelques-uns oeuvrent en politique et d'autres parmi les travailleurs, à titre de prêtres ouvriers.

La démarche pastorale essentielle du prêtre se trouve d'abord dans l'annonce de la Parole de Dieu, dans la célébration de l'Eucharistie et des autres sacrements et dans l'animation de la communauté chrétienne qui lui est confiée.

L'action du prêtre s'accomplit aussi dans une perspective de foi et de prière auprès des malades et des affligés de toutes sortes. Elle fait de lui le confident d'une foule de gens.

Engagé dans une activité communautaire et sociale, le prêtre moderne se retrouve au milieu des jeunes couples qui se préparent au mariage ou des couples qui vivent une expérience de renouvellement dans leur vie conjugale. Il s'occupe aussi de préparer les parents au baptême de leur enfant. Dans ce but, il se rend parfois au foyer des nouveaux parents et il invite ces derniers et d'autres afin de préciser le sens du baptême et la responsabilité des parents qui demandent ce sacrement pour leur enfant. Il fait de même pour la préparation des enfants à la communion et au sacrement du pardon.

De plus en plus, le prêtre travaille avec des laïcs, hommes et femmes, qui s'engagent en pastorale. Dans la plupart des paroisses, il existe un conseil de pastorale où les chrétiens engagés collaborent avec le prête à l'élaboration et à la coordination des projets pastoraux de la paroisse.

Le prêtre exerce donc essentiellement un travail d'équipe dans l'accomplissement de son ministère, que ce soit par la parole, l'exemple ou le témoignage spirituel d'une vie exceptionnelle.

Formation

On accède aux études théologiques non seulement après un cégep général, mais souvent aussi après avoir travaillé quelques années dans le monde ou fait des études quelles qu'elles soient dans une faculté universitaire.

On a constaté depuis peu que la moyenne d'âge des débutants en théologie, surtout chez ceux qui aspirent à la prêtrise, se situe aux alentours de 24 ans, bien qu'il n'y ait pas d'âge fixe pour accéder à de telles études.

Les études en théologie durent au moins 4 ans. Au terme de la 1re année, le candidat au sacerdoce peut faire une demande d'acceptation à son évêque à l'occasion d'une cérémonie liturgique qu'on appelle le rite de l'admission. C'est la première étape.

Une 2e étape qui peut coïncider avec la 2e année d'études consiste à faire la demande pour être accepté au ministère du lectorat, c'est-à-dire le ministère de la proclamation de la Parole de Dieu (apprentissage de la lecture en public).

Une 3e étape consiste à demander l'acolytat, c'est-à-dire le service de l'autel, particulièrement la liturgie de l'Eucharistie, très importante dans la vie d'un prêtre.

Enfin dans une 4e étape, l'aspirant demande le diaconat qui lui permet d'exercer certaines fonctions dans une paroisse, par exemple la prédication, le baptême, etc.

Le diaconat s'accomplit durant en moyenne 1 année de stage et à la fin de cette année, ou plus tard si on le préfère, l'individu qui aspire toujours au sacerdoce peut en faire la demande à l'évêque diocésain. Suite à cette demande, l'évêque entreprend une consultation auprès des paroissiens et du clergé de l'équipe paroissiale avec laquelle le futur prêtre a travaillé, ainsi qu'auprès de représentants du Grand Séminaire. Les rapports de ces consultations sont envoyés à l'évêque qui décide de l'ordination. Celle-ci sera ordinairement conférée dans la paroisse où le candidat a fait son stage et en présence des parents, amis et paroissiens.

Exigences et qualités requises

Outre la foi, il faut aussi beaucoup de disponibilité pour s'engager dans une telle carrière. Dans l'Église latine, le célibat est toujours de rigueur pour les prêtres catholiques romains. Il faut aussi une capacité d'adaptation et suffisamment d'humilité pour accepter la soumission à l'évêque. Le prêtre doit savoir se contenter de peu, même si l'essentiel est habituellement assuré dans cette carrière, en dépit du faible salaire qu'on y reçoit.

Des qualités de jugement, de sens critique, de sens moral et d'équilibre émotif sont également requises.

Perspectives d'emploi

Il y a beaucoup de débouchés et aucun "chômage" de prévu dans cette carrière exclusivement masculine que plusieurs considèrent encore comme une vocation, à cause de ses caractéristiques spéciales. Le jeune homme qui se sent les dispositions pour devenir prêtre peut en faire la demande en écrivant au Supérieur du Grand

Séminaire le plus proche de sa localité ou à l'évêque de son diocèse.

À Montréal, pour obtenir des renseignements supplémentaires il faut s'adresser au Supérieur du Grand Séminaire de Montréal, 2065, rue Sherbrooke ouest, Montréal, H3H 1G6 (tél.: (514) 935-1169) ou au responsable du Centre étudiant de l'oeuvre des vocations, 1675, boul. Gouin est, Montréal, H2C 1C2 (tél.: (514) 388-3006).

Professeur d'arts plastiques

Collège Marie-Victorin.

Champs d'action

Le dessin, la peinture, la gravure, la photographie, la sculpture, la céramique, l'émail, les vitraux, la poterie de même que l'initiation à l'art en général sont autant de disciplines qui permettent à l'être humain d'exprimer le beau, le visuel, le palpable.

Tout élève, chacun à sa manière, est capable de réaliser des oeuvres démontrant de la créativité si on lui en donne l'occasion. C'est précisément le rôle du professeur d'arts plastiques de fournir aux étudiants les moyens et les techniques propres à développer leurs talents artistiques.

Dès le secondaire I et II, l'élève apprend à connaître et à manipuler les outils de base des arts plastiques: fusain, crayons de cire, gouache, encre de Chine et plusieurs autres.

Au secondaire III, IV et V, cette matière devient optionnelle et l'élève qui le veut peut aborder des techniques plus poussées des métiers d'arts: céramique, émaillure, etc. Il fait des expériences avec les couleurs et la cuisson, on le sensibilise aux arts visuels, à l'histoire de l'art d'après les grandes époques et d'après les disciplines: architecture, sculpture et peinture. Il étudie le masque, le visage, etc.

Le spécialiste des arts plastiques initie les élèves à l'appréciation des oeuvres d'art; il leur enseigne aussi divers procédés de communication: gravure en creux ou en relief, pochoir sur papier, montage avec photographies et découpages, etc.

Par les arts plastiques, l'habileté des élèves est donc mise à l'épreuve de mille manières y compris par les techniques du batik, c'est-à-dire le dessin sur tissu, coton ou soie, à l'aide de cire et de teinture, par le tissage sur papier, le tissage avec laines et tissus encollés, cousus ou brodés, etc.

Le professeur d'arts plastiques, homme ou femme, guide ses élèves dans l'apprentissage des travaux à 2 et à 3 dimensions. À 2 dimensions dans des exercices d'organisation picturale en couleur, par exemple des dessins avec gouache, fusain, pastel à l'huile, encre et pinceau sur papier.

À 3 dimensions, surtout en sculpture, c'est-à-dire dans des travaux comportant de l'épaisseur et supposant des notions de relief avec pâte à modeler, savon, broche aluminium, papiers découpés, déchirés, sculptés, polystyrène, clous sur planchettes de bois, etc. Bref, le professeur d'arts plastiques ne se propose pas de faire nécessairement de l'élève un artiste, mais par ses conseils, ses exemples, ses enseignements, il éveille son imagination et lui fournit les moyens de réaliser des oeuvres tout en respectant sa personnalité.

Formation

Pour devenir professeur d'arts plastiques, on doit avoir fait outre le secondaire V, 2 années de cégep en arts plastiques et 3 années d'université en vue de l'obtention d'un baccalauréat spécialisé en cette matière. Il y a possibilité d'obtenir une licence ou une maîtrise dans certaines universités.

Exigences et qualités requises

Le professeur d'arts plastiques doit d'abord être compétent dans sa spécialité, mais il doit aussi avoir un certain talent d'animateur. Il doit pouvoir discerner le beau, avoir le sens de la communication, être patient.

Débouchés et salaires

Les principaux débouchés sont les commissions scolaires, les cégeps et les universités. Quelques aspirants se dirigent vers la télévision ou des décors de théâtre. En 1980, l'échelle des salaires était la suivante:

Baccalauréat
16 ans de scolarité, 1re année:.................... 17 077$
17 ans de scolarité (licence), 1re année:........... 18 601$
18 ans de scolarité (maîtrise), 1re année:.......... 20 036$
Après 16 ans d'expérience: .... 32 000$

Psychologue

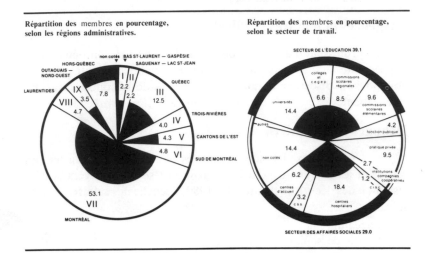

Répartition des membres en pourcentage, selon les régions administratives.

Répartition des membres en pourcentage, selon le secteur de travail.

La profession

Placés dans des circonstances particulières, les humains diffèrent tous de quelque manière dans leur comportement quotidien.

C'est le but de la psychologie que de tenter de comprendre et d'expliquer le comportement humain. Le psychologue cherche à répondre à des questions aussi diverses que les suivantes:

— Pourquoi les gens réagissent-ils ainsi dans telle situation?

— Comment aider ceux qui ont peur des automobiles, qui ne peuvent se faire des amis, qui commettent des actes criminels, qui sont angoissés ou déprimés?

— Pourquoi un enfant a-t-il des difficultés d'apprentissage à l'école?

— Pourquoi les gens achètent-ils tel produit?

— Qu'est-ce qu'un rêve? L'intelligence? La mémoire?

— Comment apprend-on le langage?

— Comment aider l'enfant à se développer? etc.

Le spécialiste en psychologie est amené à appliquer ses connaissances dans tous les secteurs d'activité où l'homme pense, apprend, produit, réagit, exprime des émotions, entre en contact avec autrui.

Dans une société de plus en plus complexe, les psychologues se retrouvent partout, mais leur rôle reste toujours fondamentalement celui d'aider les gens à se développer ou à résoudre leurs problèmes personnels. Pour ce faire, ils utilisent les connaissances d'une science jeune et constamment en évolution, la psychologie, la science du comportement de l'Homme.

Selon la loi qui régit les professions (Code des professions, article 37), le psychologue "fournit au public des services professionnels dans lesquels sont appliqués les principes et les méthodes de la psychologie scientifique; notamment il pratique la consultation et l'entrevue, utilise et interprète les tests standardisés de capacité mentale, d'aptitudes et de personnalité pour fins de classification et d'évaluation psychologiques et recourt à des techniques psychologiques pour fins d'orientation, de rééducation et de réadaptation."

Dans la pratique, les psychologues, comme plusieurs autres intervenants du domaine des sciences humaines, pratiquent diverses formes de psychothérapie.

Champs d'activité des psychologues

Il y a des psychologues en milieu scolaire à tous les niveaux: élémentaire, secondaire, cégep et université. Leur action dans ce milieu a pour but de favoriser l'adaptation ou l'épanouissement de l'étudiant. Ils agissent comme consultants auprès de toute la communauté étudiante, y compris les groupes particuliers: déficients mentaux, handicapés, enfants avec difficultés socio-affectives, etc.

D'autres travaillent dans des cliniques du secteur hospitalier, des centres d'accueil ou des centres de services sociaux, là où ils peuvent établir un diagnostic des désordres mentaux et affectifs au moyen de tests psychologiques.

Dans ces milieux cependant, leur rôle n'est pas limité au diagnostic, mais s'étend aussi à la consultation, au traitement et à la prévention (toujours sur le plan psychologique).

La clientèle des psychologues constitue une véritable mosaïque qui comprend non seulement les enfants maltraités, les orphelins et les couples désunis, mais aussi toute personne pouvant avoir recours aux psychologues. De plus, le travail de prévention et d'action communautaire du psychologue s'exerce autant en milieu scolaire qu'en milieu hospitalier.

Il faut mentionner également que des psychologues oeuvrent en bureau privé (environ 10%).

Certains spécialistes de la psychologie travaillent dans les prisons en vue de la réinsertion sociale des prisonniers et des délinquants. En industrie, on trouve aussi de plus en plus de psychologues au service du personnel et dont les tâches entre autres consistent à:

— formuler des critères de sélection et d'embauche;

— procéder à la sélection et à l'évaluation des candidats;

— établir des programmes de formation et de perfectionnement destinés aux employés;

— agir comme consultant au niveau du développement des ressources humaines: étudier le rendement, les relations interpersonnelles, les facteurs influençant la motivation des employés et proposer des modifications s'il y a lieu de le faire.

Il y a aussi le psychologue social préoccupé par l'étude des relations entre l'individu et le groupe ou les effets d'un groupe social sur l'individu. Beaucoup de psychologues font de la recherche ou de l'enseignement. Bref, les champs d'activité en psychologie sont variés: ce qui ne signifie pas nécessairement qu'il y ait présentement beaucoup de débouchés dans chacun de ces secteurs.

Formation

Le secondaire V d'abord, le cégep, option sciences humaines ou biologiques et 3 ans d'université en psychologie pour obtenir le baccalauréat. La plupart des universités françaises ou anglaises du Québec donnent des cours de psychologie. Il y a possibilité d'obtenir des diplômes supérieurs au niveau de la maîtrise et du doctorat.

Au Québec, environ 1 demande sur 4, chez les aspirants, est acceptée à l'université. Il faut la maîtrise en psychologie pour devenir membre de la Corporation professionnelle des psychologues et avoir le droit d'exercer la profession.

Exigences et qualités requises

Les nombreux champs d'application de la psychologie exigent de ces professionnels des aptitudes et une personnalité différentes. Dans la recherche, le psychologue doit manifester des aptitudes à analyser, abstraire et créer; la curiosité intellectuelle, un esprit méthodique, le goût pour les études sont très importants. Le psychologue praticien doit posséder des qualités différentes parce que son travail l'engage dans des contacts humains très fréquents et des relations interpersonnelles dynamiques et profondes. Il doit être fondamentalement intéressé à la personne humaine et posséder les caractéristiques suivantes:

— facilité de communication et intérêt pour les contacts personnels;

— respect des autres et ouverture d'esprit;

— équilibre de la personnalité, maturité émotionnelle, désir de se développer;

— sens de l'observation du comportement;

— tolérance à l'ambiguïté;

— facilité d'adaptation;

— capacité d'analyse et de synthèse;

— ténacité et grande curiosité intellectuelle;

— compréhension, tact et discrétion;

— intuition et capacité de travailler en équipe.

Débouchés et salaires

Même si présentement la plupart des diplômés sont placés, le marché de l'emploi en psychologie connaît une certaine saturation. Il y a des perspectives nouvelles cependant en gérontologie, auprès des handicapés mentaux et dans l'industrie, et dans certaines formes spécialisées de thérapie de même que dans le secteur communautaire. Le secteur communautaire va devenir de plus en plus à la mode, vu qu'un très grand nombre de psychologues ont actuellement le souci de rendre les connaissances psychologiques plus accessibles à l'ensemble de la population.

Le psychologue travaille au salaire de 20$ à 35$ l'heure dans les postes temporaires. Lorsqu'il est permanent, il peut débuter au salaire de 16 000$ à 18 000$ par année. Après 3 ans, il atteint 22 000$ par année, et possiblement 36 000$ et plus après une quinzaine d'années. Bien entendu cette profession est accessible tant aux hommes qu'aux femmes.

Professions connexes à la psychologie

Il est important de distinguer le psychologue, le psychiatre, le psychanalyste et le psychothérapeute. Le psychologue a reçu une formation en psychologie et applique les principes et méthodes de cette science. Le psychiatre est un médecin qui se spécialise dans le diagnostic et le traitement des maladies mentales en ayant recours à l'entrevue psychiatrique et à des traitements médicaux et pharmacologiques (médicaments, drogues, électrochocs). Les psychologues et les psychiatres oeuvrent souvent dans le même secteur; leur formation les destine à des rôles différents mais complémentaires. Le psychanalyste est un spécialiste qui applique une des approches psychothérapeutiques, la psychanalyse: ce peut être un médecin ou un psychologue qui a suivi une formation spécifique dans ce domaine. La psychothérapie est un terme général pour désigner l'utilisation de techniques de traitement des troubles psychologiques. L'apprentissage de la psychothérapie s'intègre aux programmes de psychologie sous forme de cours théoriques et de stages supervisés. La psychothérapie est également étudiée et utilisée par des professionnels autres que les psychologues.

Plusieurs autres sciences humaines sont connexes au travail du psychologue selon son secteur: psychiatrie, service social, orientation scolaire et professionnelle, sexologie, psycho-éducation, criminologie, relations industrielles, etc.

Recherchiste

Qu'est-ce qu'un(e) recherchiste?

Les émissions que nous écoutons à la radio et celles que nous regardons à la télévision sont préparées par des réalisateurs, des animateurs et des recherchistes qui travaillent généralement en équipe. Le travail du recherchiste consiste à trouver les informations nécessaires à l'émission. Il doit aussi trouver des invités qui alimenteront par leur présence et par leurs connaissances les émissions de télévision ou de radio.

Né avec l'avènement des médias électroniques, le métier de recherchiste est pour ainsi dire un dérivé du journalisme écrit. Alors que le journaliste de la presse écrite se sert du journal pour rejoindre la population, le recherchiste se sert de la radio ou de la télévision. Par l'entremise d'un animateur qui interviewe des invités de tout genre (même des journalistes), il transmet des communications, des reportages, des témoignages et des renseignements divers.

Le recherchiste est chargé de préparer l'émission. Il doit trouver des sujets, contacter des personnes-ressources, les inviter et surtout les convaincre de se présenter au studio à l'heure et au jour convenus, afin de réaliser l'émission projetée.

Le recherchiste, c'est donc un concepteur constamment à l'affût du thème à développer, du sujet à traiter ou de la personne à inviter. Supposons par exemple des sujets comme l'origine des Québécois, les nuits de Montréal, les moeurs du chevreuil en forêt. Une fois trouvés, ces sujets doivent être développés à partir d'une documentation écrite ou orale et organisés de façon à former un ensemble présentable sous forme d'émission.

Le recherchiste travaille dans l'ombre. On voit ou on entend l'animateur, mais le recherchiste avec le réalisateur est l'architecte, le planificateur, l'organisateur des émissions. Il en prépare la matière.

Formation

C'est la formation la plus générale possible qui est souhaitable. Ce qui peut signifier le cégep particulièrement, option sciences humaines et des études universitaires en psychologie, en sociologie ou en littérature et même en sciences religieuses, mais surtout en communication. L'Université de Montréal offre des cours dans ces spécialités. L'U.Q.A.M. donne un cours en communication et un autre cours sur les relations humaines en rapport avec les mass médias et les communications. L'Université de Sherbrooke offre un cours de rédaction et recherche, l'université Laval, un cours complet de journalisme. Enfin, l'Université Concordia de Montréal donne un cours très concret en communications. Au niveau cégep, le cégep de Jonquière offre un excellent cours en communication.

Exigences et qualités requises

Ce métier qui peut être exercé aussi bien par les femmes que par les hommes exige de la psychologie et le sens des relations avec le public. Il faut savoir à qui on destine les émissions qu'on prépare. Le recherchiste doit connaître l'actualité, avoir beaucoup d'imagination et d'entregent. Le téléphone est un instrument absolument indispensable dans ce métier.

Il faut avoir du flair pour deviner le type d'invités qui passeront l'écran ou le micro et qui seront capables de s'exprimer et d'intéresser les spectateurs. Le recherchiste doit être cultivé et posséder des connaissances très diversifiées. D'ailleurs, certains recherchistes exercent en même temps un autre travail. Il y en a qui sont journalistes, éditeurs, attachés de presse, pigistes, professeurs, etc. Savoir écrire et parler correctement le français, avoir du sang-froid, de l'initiative, de la rapidité d'exécution sont des qualités importantes dans ce travail souvent rempli d'imprévus.

Il faut aussi être doué d'une bonne capacité de synthèse et d'une excellente mémoire. Le recherchiste doit être mobile, souple et ouvert, il doit surtout ne pas compter ses heures de travail qui peuvent être variables et longues.

Le métier de recherchiste n'est pas sans tension. L'évolution constante des médias électroniques expose les personnes qui ont choisi cette carrière à une rotation assez importante...

Débouchés et salaires

Les entreprises d'État telles que Radio-Québec, Radio-Canada, le secteur privé comme Télémétropole et les autres stations privées de radio sont les principaux débouchés de cette profession. En 1980-81, un débutant gagnait entre 250$ et 300$ par semaine, mais ce salaire peut atteindre 500$ et 600$ par semaine avec les années.

Rédacteur

Le travail du rédacteur

Il sera surtout question ici du rédacteur au service d'une entreprise.

Le rédacteur dans une entreprise industrielle ou commerciale, c'est l'homme (ou la femme) qui peut concevoir un texte concis et clair et le rédiger correctement. C'est celui qui peut réviser toutes sortes de documents déjà écrits, par exemple des communiqués de presse, des formulaires pouvant avoir une portée juridique, des dépliants publicitaires, des annonces commerciales pour les journaux ou encore à l'occasion, certaines lettres particulièrement difficiles à formuler.

Le rédacteur dans une entreprise est appelé à travailler avec d'autres spécialistes, tels que des concepteurs publicitaires, des graphistes ou des spécialistes dans les domaines connexes, agents de crédit, informateurs, etc.

À l'occasion, il participe à des recherches terminologiques afin de trouver le terme exact dans les textes à rédiger.

Le rédacteur est responsable de l'image linguistique de l'entreprise pour laquelle il travaille; il doit assurer des communications écrites avec le public et dans ce but, il doit pouvoir se mettre mentalement à la place du public, deviner ses besoins et les satisfaire par des textes explicites.

On trouve plusieurs catégories de rédacteurs et le qualificatif ajouté à ce nom dépendra souvent de la nature de l'entreprise qui engage un tel spécialiste. Il y a par exemple des rédacteurs publicitaires pour promouvoir des produits ou des services, comme il y a aussi des rédacteurs chargés de rédiger des manuels techniques pour illustrer des appareils électroniques tels que appareils de télévision, radios, etc.

Il y a aussi le rédacteur en chef de l'information qui révise et corrige des épreuves en tenant compte du format, du style et de la ligne de conduite adoptés par l'entreprise. La ligne de pensée d'une compagnie d'appareils électriques n'est pas nécessairement la même que la ligne de pensée d'un grand journal.

On connaît également des rédacteurs sportifs, des rédacteurs de textes d'appoint d'intérêt général, des rédacteurs de manuels autodidactiques, des rédacteurs de textes humoristiques et des rédacteurs de textes pour encyclopédies ou revues scientifiques. Bref, c'est un bien vaste domaine que celui de la rédaction, mais il consiste essentiellement à écrire ou à faire écrire.

Formation

Profession de type littéraire, on peut y accéder après des études en lettres, en traduction ou en quelque domaine semblable, comme on peut aussi être autodidacte dans ce métier. L'Université de Sherbrooke donne un cours de rédaction au Département d'études françaises de sa Faculté des arts. Les inscriptions sont cependant limitées à 15 élèves environ. À Montréal, l'École de traduction, a, semble-t-il, commencé à donner des cours en ce sens.

Les Facultés de lettres des universités constituent des endroits privilégiés de préparation à la carrière de rédacteur. Elles sont d'excellentes écoles de réflexion sur les problèmes linguistiques, philologiques et littéraires et de ce fait préparent bien l'étudiant à la rédaction.

Le métier s'apprend aussi dans la pratique d'une réflexion organisée au jour le jour sur l'écriture. En résumé, disons qu'il faut 2 ans de cégep option sciences humaines ou option lettres et un minimum de 3 ans, à l'université, option lettres ou traduction.

Exigences et qualités requises

Il faut avoir non seulement le goût mais aussi la facilité d'écrire et de réfléchir pour devenir rédacteur.

Le sens du travail en équipe constitue la moitié du succès dans cette profession où les relations et les contacts humains sont très nombreux. De l'aptitude pour apprendre les langues, de la curiosité intellectuelle, une certaine patience pour faire de longues recherches, la capacité d'accepter la critique sont des qualités essentielles pour réussir dans ce domaine. L'objectivité est aussi une qualité recherchée dans ce métier vu que le rédacteur n'écrit pas pour lui-même mais pour d'autres. Il doit tenir compte des besoins des gens à qui il s'adresse. Un texte peut être parfaitement écrit mais inacceptable. Qu'il s'agisse de rédiger un dépliant publicitaire ou de communiquer au public des informations sur les services de crédit ou d'épargne d'une banque, le rédacteur doit éviter d'être trop subjectif, ce qui ne signifie point qu'il ne puisse y mettre toute son imagination et son talent.

Le rédacteur doit avoir aussi comme qualité une certaine souplesse face à la diversité des textes à rédiger. On peut lui demander de rédiger un discours de président comme on peut lui demander de rédiger le rapport annuel d'une compagnie. Il peut être appelé à écrire des lettres importantes ou des programmes de congrès. Il faut dans ce "métier" aimer exercer une influence sur les opinions, les attitudes ou le jugement des gens.

Débouchés et salaires

En théorie, il n'y a pas de limites aux débouchés, on peut trouver des rédacteurs dans toutes sortes d'entreprises, mais le candidat doit apprendre à frapper aux bonnes portes.

Les salaires peuvent varier de 16 000$ à 25 000$ et plus selon l'expérience, l'ancienneté, les capacités du sujet et le poste occupé.

Relationniste

Qu'est-ce qu'un relationniste?

De nos jours, la marche de l'économie et des institutions sociales et gouvernementales exige des communications permanentes, de plus en plus assurées par des spécialistes qu'on appelle des relationnistes.

Un relationniste, c'est un homme ou une femme appelé à analyser des situations difficiles et à proposer des solutions d'une très grande portée dans le domaine des relations publiques.

On a défini les relations publiques comme "l'ensemble des activités par lesquelles une entreprise étudie les attitudes du public, ajuste sa politique et sa conduite en fonction de ce dernier et prend les mesures nécessaires pour gagner sa sympathie et sa compréhension." (Denny Griswold, éditeur, PR News). D'autres les ont définies comme étant les efforts déployés par un groupe afin de s'assurer la compréhension et l'estime du public, estime qu'il s'efforce de mériter par sa façon d'agir et de conserver au moyen de bonnes relations.

"La fonction d'un relationniste peut prendre plusieurs aspects: par exemple, la rédaction de rapports, de communiqués pour la presse écrite ou parlée, d'allocutions, d'articles destinés à des revues spécialisées ou à des magazines, de textes publicitaires ou techniques, etc."

Le relationniste ne peut limiter son activité à des rédactions de documents, il doit aussi les publier aux fins de l'information interne ou externe notamment dans les journaux des entreprises, les avis, les rapports aux actionnaires et les bulletins à l'intention du personnel dirigeant.

"Une des premières tâches du chargé de relations publiques consiste à établir des contacts avec le monde de la presse, générale et spécialisée, et avec celui de la radio et de la télévision."

Outre ses liaisons étroites avec la presse, le relationniste travaille à la réalisation de projets spéciaux: expositions à l'occasion d'un congrès, visites d'entreprises, inaugurations, célébrations d'anniversaires, importantes réalisations de films, etc.

Le relationniste est appelé à donner des causeries et conférences devant des groupes variés, il prépare des discours, il met sur pied un service de conférenciers, il supervise la préparation de brochures, de dépliants et de documents divers visant à attirer l'attention du public.

Le rôle du relationniste est particulièrement important quand il s'agit de conseiller la direction d'une entreprise à l'occasion d'un conflit ou dans la mise sur pied d'un programme d'action. Le relationniste contribue à créer une "image de l'entreprise dans l'esprit du public. Laissant au publicitaire le soin d'organiser la publicité du produit, le relationniste n'en collabore pas moins avec lui dans l'élaboration d'une publicité de prestige" lorsqu'il le faut.

Où travaille le relationniste?

Le relationniste exerce sa profession dans le service de relations publiques d'une entreprise, industrielle ou commerciale, d'un ministère ou d'un organisme public, d'une institution ou d'une association, ou dans un cabinet de relations publiques.

Formation

Les relations publiques s'enseignent dans plus de 175 collèges et universités aux États-Unis; au Canada toutefois, il ne se donne encore que peu de cours sur le sujet. Un certain nombre d'institutions américaines décernent un diplôme en relations publiques, mais dans la plupart des écoles, les cours de relations publiques sont intégrés au programme d'études en journalisme.

Des cours de langue, de rédaction, de relations publiques ou industrielles, de journalisme, d'économie et de marketing constituent une excellente préparation. Plusieurs universités américaines offrent des cours de relations publiques au niveau de la licence ou de la maîtrise. Une bonne préparation aux relations publiques serait de faire le cégep général en sciences humaines, en sciences administratives ou en lettres et ensuite un cours universitaire de 3 ans dans l'une de ces spécialités.

À Québec, l'université Laval est à l'avant-garde dans le domaine de l'enseignement des relations publiques. Cette université offre un programme de mineure en relations publiques, de même qu'un certificat. L'Université McGill et l'Université de Montréal offrent chacune un certificat en la matière.

À la rigueur, le cours en techniques de communications du cégep de Jonquière et une expérience acquise dans le milieu de travail constituent aussi une préparation aux relations publiques, de même que le cours de relations humaines qui se donne à l'U.Q.A.M. (3 ans).

Exigences et qualités requises

Les caractéristiques d'un bon relationniste sont les suivantes:

— imagination pour trouver des solutions originales à des problèmes nouveaux;

— aisance dans l'expression orale et écrite; il faut savoir parler et écrire correctement dans plusieurs langues, au moins le français et l'anglais;

— entregent, facilité pour les contacts sociaux;

— capacité d'écouter les gens, compréhension;

— sens de l'organisation, de la planification, du commandement, de la gestion;

— disponibilité et grande puissance de travail. Le relationniste n'est pas un travailleur qui fait du "9 h à 5 h", et sa semaine de travail est souvent de 7 jours.

Le relationniste qui adhère à la Société canadienne des relations publiques Inc. (chapitre du Québec) s'engage à respecter le code d'éthique de la Société.

De plus, la Société canadienne des relations publiques a mis au point un programme d'accréditation hautement respecté dont l'objectif est d'améliorer la pratique des relations publiques et d'en rehausser les normes et l'éthique professionnelle de façon à accroître le respect des membres de la Société et du grand public envers la pratique des relations publiques.

Seuls les membres peuvent demander l'accréditation et celle-ci s'obtient en passant des examens qui ont lieu dans des universités ou autres institutions de haut savoir au Canada. Le membre accrédité ajoute les initiales A.R.P. après son nom.

Débouchés et salaires

À l'heure actuelle, il y a pénurie de relationnistes qualifiés pour les postes de haute direction, c'est surtout dans les grandes villes que les possibilités d'emploi comme relationniste sont bonnes.

Le débutant dans une organisation privée ou publique peut aspirer à un salaire de 12 000$ à 15 000$ et parvenir au bout de quelques années à gagner de 18 000$ à 22 000$ environ.

Dans les postes cadres, les salaires dépassent facilement 25 000$ et peuvent atteindre 35 000$. Certains cadres d'expérience qui occupent des postes de vice-président ou l'équivalent peuvent recevoir de 35 000$ à 50 000$ et plus, selon l'importance de l'entreprise et la région où ils travaillent.

Spécialiste en toxicomanie

La vie c'est plus fort que l'alcool

La Résidence Pierrefonds du Centre d'Accueil Domrémy-Montréal, située à Ste-Geneviève de Pierrefonds.

Champs d'action

Au Québec, les Alcooliques Anonymes (A.A.), les mouvements Lacordaire, des toxicomanes réadaptés et des bénévoles sensibilisés au problème, ont fait la preuve que les toxicomanes peuvent s'aider eux-mêmes ou être aidés par des personnes préoccupées de leur guérison.

Historiquement, les bénévoles, la plupart du temps des toxicomanes réadaptés ou en période de rémission, ont joué un rôle déterminant dans la mise sur pied d'un réseau de services qui s'efforce de devenir cohérent. Ces bénévoles, qui continuent de jouer un rôle essentiel dans l'intervention, ne sont cependant absolument pas rémunérés. Le groupe de bénévoles le plus important actuellement est probablement celui des Alcooliques Anonymes. Cependant, même les bénévoles se sont diversifiés depuis quelques années et des gens qui n'ont jamais eu personnellement de problèmes avec leur consommation d'alcool peuvent participer à l'intervention. Ainsi, le Centre d'accueil Alternatives recourt aux services d'un corps de bénévoles structuré, dont la plupart des participants correspondent à cette description. La fonction principale de ces bénévoles est de jouer un rôle "normalisant", selon la définition de Wolsenberger, dans la vie des bénéficiaires.

Chez les intervenants rémunérés, il existe deux groupes principaux. Le premier est celui des non-professionnels. Il est souvent entendu chez les toxicomanes réadaptés que le fait de consacrer une partie de ses efforts à secourir d'autres personnes aux prises avec le même problème n'est pas seulement un acte de conscience sociale, mais surtout une voie royale de consolidation de sa propre motivation à la sobriété. Il est donc inévitable que certains toxicomanes réadaptés tentent de vivre en se faisant rémunérer pour l'aide apportée. En ce sens, ils ressemblent énormément aux professionnels. Cependant, leur formation est distincte. Le non-professionnel ne présente pas nécessairement de formation en sciences humaines ni en techniques de relation d'aide. Il développe en retour une attitude que seule l'expérience vécue peut apporter. Les travailleurs de ce type s'organisent souvent en centres privés subvenant à leurs besoins à partir de tarifs très variables ou encore, à partir de subventions gouvernementales accordées à l'intérieur de projets limités dans le temps. Les répercussions sur un choix de carrière sont évidentes.

Le second groupe, celui des professionnels, est plus facile à définir puisqu'il correspond davantage à l'image traditionnelle de l'intervenant.

Le professionnel intervenant en toxicomanie se caractérisera par une formation en sciences humaines (psychologie, sociologie ou médecine) avec un apprentissage de techniques d'information et de relation d'aide. Des aptitudes personnelles sont évidemment requises. Bon nombre de bénévoles oeuvrant dans des groupes, la plupart incorporés, sont regroupés dans la Fédération des organismes bénévoles au service des toxicomanes du Québec.

Ainsi, "Alcooliques Anonymes (A.A.)" n'est pas un groupe membre de la Fédération, puisqu'il ne constitue pas une personne morale reconnue par la loi. Cependant, de très nombreux bénévoles oeuvrant au sein des organismes membres peuvent être d'allégeance A.A. et être activement impliqués dans le mouvement.

Il existe aussi l'Association des intervenants qui regroupe tous les intervenants, bénévoles ou non, qui ont payé leur cotisation. En 1981, un comité était mis sur pied avec le mandat de clarifier les conditions d'accès au membership. Ce sont surtout les intervenants professionnels au travail dans le parapublic et les industries qui ont adhéré à l'AITQ, mais le nombre de bénévoles semble aller en augmentant.

Parmi les organismes ainsi regroupés, il y a entre autres: Nouvelle vie Inc., Paix, Alco, les Chevaliers de Laval, les unités Domrémy, le SMAS et l'ASPA, etc.

Des jeunes ont formé leurs propres centres de réadaptation à une vie normale. Parmi ces groupes, mentionnons les Daytop, Synanon et Phoenix House aux États-Unis et les groupes Portage et Alternatives au Québec.

La tendance au Québec, du moins selon la position officielle du ministère des Affaires sociales depuis 1971, a été de considérer la toxicomanie comme un problème principalement psychosocial. Aussi l'intervention médicale se concentre-t-elle davantage au moment de la prise en charge, quand des problèmes physiques associés à la désintoxication sont présents. Dans les faits, on peut dire que la toxicomanie est une réalité très adaptable qui repose sur la collaboration de plusieurs ressources humaines spécialisées ou non.

Formation

Le secondaire V avec mathématiques 522, le cégep, option sciences humaines ou sciences de la santé et trois, quatre ou cinq années dans une université selon que l'on veuille un baccalauréat, une maîtrise ou un doctorat, dans une des spécialités correspondant soit à la psychologie, au travail social ou à une carrière médicale ou paramédicale telle que: infirmière, ergothérapeute, etc.

Exigences et qualités requises

La qualité primordiale pour réussir comme spécialiste en toxicomanie, c'est d'abord la capacité d'établir des relations d'aide; il faut aussi la capacité de maîtriser différentes techniques modernes de traitement. La stabilité émotionnelle, l'aptitude à objectiver les problèmes, une grande culture, une vue à la fois générale et spécialisée des cas à traiter, voilà quelques-unes des qualités souhaitables chez le spécialiste en toxicomanie   en plus naturellement de la patience et d'une bonne résistance nerveuse.

Débouchés et salaires

Le spécialiste en toxicomanie travaille dans les centres de réadaptation, par exemple les Centres d'accueil Domrémy-Montréal à Pierrefonds et dans les cinq cliniques externes dépendant de ce centre. Domrémy-Pointe-du-Lac à Trois- Rivières, le Département de toxicomanie de l'hôpital Saint-Charles de Joliette, l'équipe des travailleurs du Conseil des services sociaux du Montréal-métropolitain (CSSMM), l'hôpital Saint-François-d'Assise, le pavillon Jellinck à Hull, le pavillon Boudreau à St-Jérôme et d'autres.

Salaires

Tout dépend de la profession, mais à l'exception de la médecine dont la moyenne dépasse 46 000$ par année, les spécialistes des autres disciplines peuvent compter sur une moyenne de salaire variant de 17 000$ à 35 000$ environ.

Terminologue

Qu'est-ce qu'un(e) terminologue?

La terminologie est une profession relativement nouvelle puisqu'elle est née vers la fin des années 60 avec la création de la Banque de terminologie de l'Université de Montréal.

Le premier cours de terminologie fut donné en 1969 à l'intérieur du cours de traduction de cette université.

La terminologie est une méthode, une technique de recherche qui vise à trouver les bonnes appellations pour les notions à exprimer.

Alors qu'en traduction, on se soucie de traduire et d'exprimer d'une langue à une autre, l'idée d'une phrase ou la pensée qui se dégage d'un texte, en terminologie, on cherche précisément l'expression exacte, que ce soit en anglais, en français ou en toute autre langue, qui convient à l'objet qu'on veut désigner.

S'agit-il, par exemple, de donner un équivalent précis au mot *lease-hold* pour désigner l'occupation d'un local en vertu d'un bail? Le terminologue trouvera l'expression: propriété louée à bail. Pour désigner la petite vitre qui s'ouvre sur la porte avant d'une automobile, on emploiera le mot déflecteur.

Dans tous les secteurs de l'activité humaine, que ce soit l'écologie, le transport, l'inflation et autres, l'appellation et le sens précis à donner aux mots demeurent la préoccupation du terminologue.

La terminologie contribue évidemment à une bonne traduction; elle peut la compléter car une fois traduits, les mots employés doivent être connus et c'est le rôle des terminologues de les diffuser.

La terminologie peut donc améliorer la qualité de la traduction. Au départ, le terminologue peut être un généraliste qui touche à plusieurs domaines, mais il peut se spécialiser dans un secteur donné comme la chimie, où la rigueur est très importante.

Des échanges fructueux sont possibles entre terminologues de différentes disciplines. Le terminologue qui travaille dans une grande entreprise pharmaceutique peut s'il le désire connaître un autre champ d'activité.

La documentation écrite et orale constitue la matière première de la terminologie: dictionnaires, encyclopédies, traités spécialisés, ouvrages lexicographiques, glossaires, oeuvres diverses, etc. Les conversations, les échanges verbaux entre terminologues et spécialistes assurent leur documentation orale.

Formation

C'est en passant par les facultés de linguistique et de lettres d'une université ou par une école de traduction qu'on arrive à la terminologie. Au Québec, la formation idéale viserait à acquérir des connaissances en traduction, en méthodologie de la recherche linguistique, en lexicologie et en documentation.

Une maîtrise peut être obtenue dans certaines universités.

Exigences et qualités requises

Le terminologue professionnel n'est pas nécessairement un créateur de mots, mais comme il doit être constamment à l'affût du mot juste, on doit retrouver chez lui les qualités suivantes: capacité d'analyse, capacité d'identification des problèmes, capacité d'identification des solutions et capacité de synthèse.

Il faut aussi avoir le souci de la culture, la passion des mots, le goût du vocabulaire et l'amour de la recherche pour réussir dans cette carrière.

Débouchés et salaires

La Fonction publique fédérale et québécoise, l'Office de la langue française du Québec où travaillent environ une soixantaine de terminologues et les entreprises commerciales sont des endroits où l'on trouve ce genre de spécialistes.

Le terminologue travaille souvent pour des traducteurs ou des rédacteurs. Sans être des plus nombreux, les débouchés dans cette profession sont réels et appelés à s'accroître, particulièrement à une époque où le bilinguisme et les propos sur la langue sont à la mode.

Le développement des services de linguistique et les communications bilingues accrues laissent de l'espoir quant à la recrudescence d'emplois dans ce secteur où les salaires en 1980 variaient de 15 000$ ou 16 000$ environ pour un débutant jusqu'à 30 000$ à 35 000$ après un certain nombre d'années d'expérience.

Traducteur

Le rôle du traducteur

Le traducteur n'est ni un interprète, ni un terminologue, ni un polyglotte et encore moins un distributeur de phrases toutes faites. C'est un spécialiste qui doit transmettre un message déjà écrit et le rendre, sous forme écrite, dans une autre langue. Aussi doit-il très bien comprendre la langue de départ et posséder à fond la langue d'arrivée.

Le traducteur ou la traductrice (il y a beaucoup de femmes dans cette profession) doivent donc bien connaître le vocabulaire, la syntaxe et la stylistique des langues qu'ils utilisent ainsi que les niveaux de langue: ils doivent aussi comprendre le sujet des textes qu'ils ont à traduire pour éviter les erreurs et les contresens. Il leur faut aussi respecter l'auteur du texte le mieux possible.

Leur travail consiste donc à comprendre le sens et la pensée d'un texte, et à bien les rendre dans une langue.

Le respect de la langue dans laquelle ils doivent traduire consiste, par exemple, à utiliser le bon mot, l'expression juste. Ainsi, au lieu d'écrire "faire une application" dans le cas de quelqu'un qui se cherche du travail, on écrira "faire une demande d'emploi".

Ce respect consiste aussi à employer le ton juste. Par exemple, s'il traduit un texte rédigé par de simples élèves, il n'utilisera pas les mêmes expressions ou tournures que lorsqu'il traduira un texte écrit par des littérateurs ou des hommes de science.

Le texte du traducteur peut être revu par une autre personne qu'on appelle réviseur. Ce dernier est habituellement un traducteur d'expérience.

Au Canada et au Québec, la traduction se fait dans toutes les langues. Cependant, la plupart des traductions s'effectuent de l'anglais au français et, bien qu'à un degré moindre, du français à l'anglais.

Au Canada et au Québec, la traduction de l'anglais au français représente 90% de la masse de mots à traduire, masse qui peut être considérable dans certains milieux, telle que la Fonction publique fédérale, où l'on a entre 200 et 300 millions de mots à traduire par année. Dans les grosses entreprises, la demande peut atteindre de 8 à 10 millions de mots à traduire par année.

Formation

Au départ, il faut avoir un diplôme d'études collégiales ou l'équivalent. On peut s'inscrire alors à l'école de traduction d'une université.

La plupart des universités du Québec dispensent des cours en traduction. Les cours sont donnés le jour ou le soir et mènent à un certificat, à un baccalauréat et même à une maîtrise.

Devenu traducteur, on peut suivre des cours complémentaires offerts par la Société des traducteurs du Québec ou par les universités.

Des diplômés en lettres et en linguistique surtout, mais aussi en d'autres disciplines peuvent devenir traducteurs en suivant des cours de traduction durant 2 ans au lieu de 3 vu la formation déjà acquise. Il y a aussi ce qu'on appelle la formation sur le tas, c'est-à-dire la pratique de la traduction supervisée par un traducteur praticien.

Exigences et qualités requises

Les qualités de base sont une solide formation acquise par des études universitaires, une culture générale, une connaissance parfaite de langue maternelle et une très bonne connaissance de la langue à traduire.

Le traducteur doit avoir l'esprit de recherche, car il lui faut se documenter à la fois pour comprendre les sujets techniques, scientifiques ou autres qu'il a à traduire et pour trouver les termes et expressions dont il a besoin.

Souvent, le traducteur doit être polyvalent: il peut être appelé à traduire des textes qui traitent de la machine à coudre, de la publicité, des égouts, etc.

Enfin, il faut aimer beaucoup lire et être prêt à se perfectionner sans relâche pour bien réussir dans cette profession.

La précision est une qualité essentielle. La souplesse d'intelligence est nécessaire pour saisir les sujets variés qui se présentent en traduction. De même, il faut beaucoup de souplesse de caractère pour supporter d'être révisé dans son travail par des réviseurs ou par des clients qui scrutent la forme et le fond des textes. Il faut aussi de la discrétion parce que le traducteur est tenu au secret professionnel en ce qui concerne les documents confidentiels qu'il a à traduire.

Débouchés et salaires

Le diplômé peut devenir traducteur généraliste, spécialisé (technique, scientifique) ou littéraire. Il peut travailler pour la Fonction publique fédérale ou québécoise, pour des entreprises comme Bell Canada, l'Hydro-Québec, ou encore comme pigiste (traducteur indépendant).

Le traducteur peut, après une expérience pertinente ou une spécialisation, devenir rédacteur ou corédacteur, réviseur de textes traduits ou rédigés, terminologue ou conseiller linguistique.

Les salaires varient entre 16 000$ et 25 000$ selon l'expérience (chiffres de 1980). Un réviseur gagne de 18 000$ à 27 000$ et même plus, étant donné la responsabilité qu'il a de contrôler la qualité des textes, et de former un groupe de traducteurs. Les employeurs qui engagent des traducteurs exigent de plus en plus que ceux-ci soient membres de la Société des traducteurs du Québec, car celle-ci impose un examen d'admission à tous ses candidats.

Quelques chiffres...

La traduction est le grand outil de francisation à l'heure actuelle au pays.

Il y a quelque 200 services de traduction recensés au Québec et plus de 80 grandes compagnies ont leur service de traduction à Montréal.

Il existe une fédération internationale des traducteurs affiliée à l'Unesco. Plus de 35 pays regroupent quelques 13 000 membres traducteurs et c'est le Canada qui compte le plus de traducteurs reconnus officiellement, après la Russie, le Japon et l'Allemagne de l'Ouest.

Travailleur social

Champs d'action

Le rôle du travailleur social consiste à apporter des solutions à des problèmes humains surgissant dans la société.

Le travailleur social intervient aux niveaux individuel et collectif, c'est-à-dire au niveau de groupes restreints, par exemple la famille, et au niveau d'organisations communautaires lorsqu'il s'agit notamment d'établir une clinique de santé mentale ou d'organiser un programme de bien-être dans le quartier d'une ville.

Le travailleur social joue un rôle important en tant que membre de la Corporation professionnelle des travailleurs sociaux du Québec. Il est en quelque sorte le chien de garde des lois sociales et il a reçu une formation universitaire pour exercer ses fonctions.

Soucieux de l'application des lois de la protection de la jeunesse et des personnes handicapées de tous les âges, le travailleur social participe aux commissions parlementaires dans l'élaboration de divers projets de lois. Il est donc un stimulateur vis-à-vis du gouvernement et vis-à-vis la population-cible en ce qui a trait aux législations sociales.

Le travailleur social sert parfois de consultant pour des groupes de citoyens, par exemple dans la mise sur pied de comptoirs alimentaires (coopératives d'alimentation de quartier); il contribue aux programmes d'éducation populaire basée sur le bénévolat.

Lorsque c'est nécessaire et en dernier recours, le travailleur social aide des parents à placer leurs enfants dans les foyers d'accueil, pendant qu'il s'occupe de trouver des solutions aux problèmes de la famille.

La définition de l'acte professionnel du travailleur social, telle qu'approuvée par le Bureau de la Corporation professionnelle des travailleurs sociaux du Québec en avril 1976, est la suivante: "L'objet de l'acte professionnel du travailleur social est la socialité, c'est-à-dire l'équilibre dynamique dans les rapports entre les personnes et leur environnement immédiat ou médiat.

"Constitue l'acte professionnel du travailleur social tout acte qui a pour objet:

— la socialité de l'être humain;

— le diagnostic de toute carence de socialité chez l'être humain;

— le traitement de toute carence de socialité chez l'être humain.

"Cet acte comprend notamment:

— la mobilisation des capacités des individus, des groupes et des communautés par la consultation psychosociale et/ou l'intervention sociale;

— la prise sur soi de la responsabilité du diagnostic et du traitement social;

— l'établissement du diagnostic;

— le contrôle du diagnostic;

— le traitement social;

— le contrôle du traitement social;

— la mise en oeuvre des ressources communautaires''.

Formation

Pour devenir travailleur social, il faut faire le cégep, option sciences humaines et, par une formation universitaire, obtenir au moins le baccalauréat (3 années) dans une école de service social reconnue, telles que l'École de service social de l'université Laval, l'École de service social de l'Université de Montréal, le McGill School of Social Work, l'École de service social de l'Université de Sherbrooke, l'École de service social de l'Université du Québec à Montréal (U.Q.A.M.) ou l'Université du Québec du Nord-ouest québécois à Hull.

Exigences et qualités requises

Un bon équilibre affectif et mental, une aggressivité positive, c'est-à-dire tournée vers l'initiative, de la créativité et de l'autonomie dans l'action, voilà des qualités essentielles chez le travailleur social. Le goût du travail en équipe, une vue globale des problèmes, un esprit de synthèse, de la patience, de la compréhension et la capacité d'affronter les problèmes d'autrui sont d'autres caractéristiques importantes dans la pratique de ce métier.

Débouchés et salaires

La majorité des travailleurs sociaux oeuvrent dans les centres de services sociaux (C.S.S.) qui sont au nombre de 14 au Québec. Dans ces centres, on s'occupe de secteurs variés: famille et enfance, milieu scolaire, hospitalier, centres d'accueil pour personnes âgées, etc. Il y a aussi des travailleurs sociaux dans les C.L.S.C. (centres locaux de services communautaires), dans la Fonction publique et dans les bureaux privés, pour consultations conjugales, planning familial, etc.

Près des deux tiers des travailleurs sociaux sont groupés en un syndicat qui négocie avec le ministère des Affaires sociales (M.A.S.). Mais pratiquement, l'échelle de salaires établie sert de référence pour établir la rémunération de la majorité des travailleurs sociaux du Québec. Ceux-ci gagnent entre 16 000$ et 30 000$ selon leur expérience et le lieu de travail. Dans la Fonction publique, les salaires dépassent 35 000$ dans certains cas.

La Corporation des travailleurs sociaux du Québec, en vertu de l'article 36d du Code des professions est une corporation à titre réservé, c'est-à-dire qu'il faut être membre en règle de la Corporation et avoir payé sa cotisation pour avoir le droit d'inscrire à la fin de son nom le titre de travailleur social ou les initiales correspondantes.

Il y a des professions à exercice exclusif comme la médecine, où le titre est absolument relié à l'acte professionnel: autrement dit nul ne peut pratiquer la médecine sans être reconnu par la Corporation professionnelle des médecins du Québec. Par contre, d'autres professionnels, comme les conseillers en orientation, les travailleurs sociaux et d'autres oeuvrant dans les sciences humaines, peuvent pratiquer leur profession sous un titre quelconque, c'est-à-dire qu'un travailleur social qui se déclarerait "agent de relations humaines" pourrait faire le même travail qu'un autre qui porte le titre de travailleur social, sauf que le jour où ce travailleur déciderait de s'appeler travailleur social, il devrait être inscrit au tableau de la Corporation des travailleurs sociaux. Sinon, il pourrait être passible de poursuites judiciaires. C'est ce qu'on appelle le titre réservé. Chez les médecins, par contre, personne ne peut pratiquer sous un autre titre que celui de médecin puisque, dans cette profession, l'exercice de l'acte professionnel est exclusivement lié au titre.

Pour autres informations consultez la C.P.T.S.Q., 5757, rue Decelles, Montréal, Québec, H3S 2C3.

ERRATUM: L'éditeur regrette d'avoir publié par erreur la photo de Monsieur Roland Lamarche, président de la Corporation professionnelle des physiothérapeutes du Québec, pour illustrer dans le tome 2 du présent ouvrage l'article portant sur la profession d'orthothérapeute. Il est évident que cette confusion n'implique en rien que Monsieur Lamarche ou la Corporation professionnelle des physiothérapeutes du Québec donnerait sa caution à l'orthothérapie.

Bibliographie

Les textes qui constituent cet ouvrage ont été écrits à partir d'entrevues faites par l'auteur avec des spécialistes des métiers et des professions mentionnés dans chacun des volumes de la série *Choix de carrières*.

L'auteur s'est aussi inspiré d'informations puisées dans les publications suivantes:

— Annuaire des principales universités françaises du Québec: Montréal, Sherbrooke, Laval et Université du Québec.

— Banque d'information scolaire et professionnelle (B.I.S.P.), publications monographiques, Service général des communications, ministère de l'Éducation du Québec.

— Beaulé, Serge, *Guide des cours et des carrières*, Montréal, Éditions Guérin, 1976.

— Charneux-Helmy, Francine, *550 métiers et professions pour les Québécois*, Montréal, Éditions du Jour, 1971.

— *Cégep*, revue publiée par la Direction générale de l'enseignement collégial, ministère de l'Éducation du Québec.

— *Classification canadienne descriptive des professions*, publication autorisée par le ministère de la Main-d'oeuvre et de l'Immigration du Canada en collaboration avec Statistiques-Canada, Ottawa, 1971.

— *Document d'information 1980*, publication émise par les Services aux étudiants de la Commission scolaire régionale Provencher en collaboration avec l'équipe d'orientation et d'information de cette commission scolaire.

— *Milot, Guy, 100 métiers et professions*, Montréal, Éditions de l'Homme, 1979.

Table des matières

D

E

G

I

M

N

O

P

R

S

T

Achevé d'imprimer sur les presses de

L'IMPRIMERIE ELECTRA*
*Division de l'A.D.P. Inc.

pour

LES ÉDITIONS DE L'HOMME*
*Division de Sogides Ltée

Imprimé au Canada/Printed in Canada

Ouvrages parus aux ÉDITIONS DE L'HOMME

* Pour l'Amérique du Nord seulement.
** Pour l'Europe seulement.

ALIMENTATION — SANTÉ

* **Allergies, Les,** Dr Pierre Delorme
* **Apprenez à connaître vos médicaments,** René Poitevin
* **Art de vivre en bonne santé, L',** Dr Wilfrid Leblond
* **Bien dormir,** Dr James C. Paupst
* **Bien manger à bon compte,** Jocelyne Gauvin
* **Boîte à lunch, La,** Louise Lambert-Lagacé
* **Cellulite, La,** Dr Gérard J. Léonard
  Comment nourrir son enfant, Louise Lambert-Lagacé
  Congélation des aliments, La, Suzanne Lapointe
* **Conseils de mon médecin de famille, Les,** Dr Maurice Lauzon
* **Contrôlez votre poids,** Dr Jean-Paul Ostiguy
* **Desserts diététiques,** Claude Poliquin
* **Diététique dans la vie quotidienne, La,** Louise Lambert-Lagacé
  En attendant notre enfant, Yvette Pratte-Marchessault
* **Face-lifting par l'exercice, Le,** Senta Maria Rungé

* **Femme enceinte, La,** Dr Robert A. Bradley
* **Guérir sans risques,** Dr Émile Plisnier
* **Guide des premiers soins,** Dr Joël Hartley
  Maigrir, un nouveau régime... de vie, Edwin Bayrd
* **Maman et son nouveau-né, La,** Trude Sekely
** **Mangez ce qui vous chante,** Dr Leonard Pearson et Dr Lillian Dangott
* **Médecine esthétique, La,** Dr Guylaine Lanctôt
  Menu de santé, Louise Lambert-Lagacé
* **Pour bébé, le sein ou le biberon,** Yvette Pratte-Marchessault
* **Pour vous future maman,** Trude Sekely
* **Recettes pour aider à maigrir,** Dr Jean-Paul Ostiguy
  Régimes pour maigrir, Marie-José Beaudoin
* **Soignez-vous par le vin,** Dr E.A. Maury
  Sport — santé et nutrition, Dr Jean-Paul Ostiguy

ART CULINAIRE

* **Agneau, L',** Jehane Benoit
* **Art d'apprêter les restes, L',** Suzanne Lapointe
  Art de la cuisine chinoise, L', Stella Chan
* **Bonne table, La,** Juliette Huot
* **Brasserie la mère Clavet vous présente ses recettes, La,** Léo Godon
* **Canapés et amuse-gueule**

* **Cocktails de Jacques Normand, Les,** Jacques Normand
* **Confitures, Les,** Misette Godard
  Conserves, Les, Soeur Berthe
* **Cuisine aux herbes, La,**
* **Cuisine chinoise, La,** Lizette Gervais
* **Cuisine de maman Lapointe, La,** Suzanne Lapointe
* **Cuisine de Pol Martin, La,** Pol Martin

DOCUMENTS — BIOGRAPHIES

LIVRES PRATIQUES — LOISIRS

PHOTOGRAPHIE — CINÉMA

8/super 8/16, André Lafrance
Apprenez la photographie avec Antoine Desilets, Antoine Desilets
Apprendre la photo de sport, Denis Brodeur
* **Chaînes stéréophoniques, Les,** Gilles Poirier
* **Chasse photographique, La,** Louis-Philippe Coiteux
Ciné-guide, André Lafrance
Découvrez le monde merveilleux de la photographie, Antoine Desilets
Je développe mes photos, Antoine t Desilets

Je prends des photos, Antoine Desilets
Photo à la portée de tous, La, Antoine Desilets
Photo de A à Z, La, Desilets, Coiteux, Gariépy
Photo-guide, Antoine Desilets
Photo reportage, Alain Renaud
Technique de la photo, La, Antoine Desilets
Vidéo et super-8, André A. Lafrance et Serge Shanks

PLANTES — JARDINAGE *

Arbres, haies et arbustes, Paul Pouliot
Culture des fleurs, des fruits et des légumes, La
Dessiner et aménager son terrain
Guide complet du jardinage, Le, Charles L. Wilson
Jardinage, Le, Paul Pouliot
Jardin potager, Le — La p'tite ferme, Jean-Claude Trait

Je décore avec des fleurs, Mimi Bassili
Plantes d'intérieur, Les, Paul Pouliot
Techniques du jardinage, Les, Paul Pouliot
Terrariums, Les, Ken Kayatta et Steven Schmidt
Votre pelouse, Paul Pouliot

PSYCHOLOGIE — ÉDUCATION

* **Âge démasqué, L',** Hubert de Ravinel
Aider son enfant en maternelle et en 1ère année, Louise Pedneault-Pontbriand
Aidez votre enfant à lire et à écrire, Louise Doyon-Richard
Amour de l'exigence à la préférence, L', Lucien Auger
* **Caractères et tempéraments,** Claude-Gérard Sarrazin
* **Caractères par l'interprétation des visages, Les,** Louis Stanké
Comment animer un groupe, Collaboration
Comment déborder d'énergie, Jean-Paul Simard
* **Comment vaincre la gêne et la timidité,** René-Salvator Catta
Communication dans le couple, La, Luc Granger
Communication et épanouissement personnel, Lucien Auger

* **Complexes et psychanalyse,** Pierre Valinieff
Contact, Léonard et Nathalie Zunin
* **Cours de psychologie populaire,** Fernand Cantin
Découvrez votre enfant par ses jeux, Didier Calvet
* **Dépression nerveuse, La,** En collaboration
Développement psychomoteur du bébé, Le, Didier Calvet
* **Développez votre personnalité, vous réussirez,** Sylvain Brind'Amour
Douze premiers mois de mon enfant, Les, Frank Caplan
* **Dynamique des groupes,** J.-M. Aubry, Y. Saint-Arnaud
Être soi-même, Dorothy Corkille Briggs
Facteur chance, Le, Max Gunther
* **Femme après 30 ans, La,** Nicole Germain